MVV-Wanderführer

D1717347

Erich Steinhögl/Dieter Lippert

Wandern mit dem MVV

Süddeutscher Verlag

Umschlaggestaltung von Design-Team, München
unter Verwendung eines Farbfotos von i-team

Die im MVV-Plan auf der Umschlag-Rückseite bei den S- und
U-Bahnhöfen (Wanderbahnhöfe) eingetragenen Nummern entsprechen
den Nummern der hier von 1 bis 111 vorgestellten Wanderwege.

4. Auflage 1988 · 22.–26. Tausend

ISBN 3-7991-6199-6

© 1984 Süddeutscher Verlag, München
Alle Rechte vorbehalten. Printed in Germany
Satz und Druck: Presse-Druck Augsburg
Bindearbeit: Klotz, Augsburg

Das Münchner Umland mit seinen reizvollen Landschaften bietet eine Fülle von Sehenswürdigkeiten. Das in seiner vierten Auflage erschienene MVV-Wanderbuch will den vielen Wanderern, die alljährlich ohne Auto in das schöne Umland hinausfahren, die Wahl des Wanderweges erleichtern oder noch unbekannte Routen entdecken helfen.

Das MVV-Wanderbuch enthält eine vollständige und ausführliche Übersicht aller 111 MVV-Wanderwege. Für eine noch bessere Übersicht sorgen die Kartenskizzen zu jedem Weg. Eine kurze Beschreibung der Kirchen, Klöster, Schlösser und Profanbauten ist ebenfalls enthalten. Diese Informationen (vor allem beruhend auf Dehio, Handbuch der Deutschen Kunstdenkmäler-Oberbayern, München-Berlin, 1964) können und sollen keinen Kunstführer ersetzen. Vielmehr soll auf die mannigfachen Kunst- und Kulturschätze an den MVV-Wanderwegen hingewiesen werden, wobei auch kleinere und weniger bedeutende Bauten und Bildwerke nicht fehlen.

Die getroffene Auswahl der Wanderwege reicht von erholsamen Spaziergängen bis zu ausgedehnten Touren und bietet damit dem ungeübten wie geübten Wanderfreund immer das Passende.

Einige Wanderwege werden von örtlichen Vereinen betreut. Wir bedanken uns an dieser Stelle für die gute Zusammenarbeit.

Allen Wanderern, die dieses Buch nutzen, wünschen wir gute Erholung.

Erich Steinhögl
Dieter Lippert

INHALT

Plantage und Weihenstephan

Wanderbahnhof: Freising
Anfahrt: S 1 (Freising)

Markierung: grüner Ring
6 km, leichte Wanderung

Sehr schöner ausgedehnter Spaziergang voller Abwechslung: Die sehenswerte Altstadt (nach Belieben durch Abstecher zu erweitern), schöne Waldpartien, freies Feld mit Blick auf die Stadt, der zauberhafte Staudensichtungsgarten und der schöne Stadtpark liegen am Weg.

Vom Bahnhof gehen wir geradeaus durch die kleine Anlage, überqueren dann die Durchgangsstraße und gehen auf der Bahnhofstraße in die Innenstadt. Ein nur kurzes Stück geht es nun über die Untere Hauptstraße nach rechts, dann biegen wir links ein und wandern bergauf durch die Ziegelgasse, an St. Georg vorbei und weiter hinauf auf der Prinz-Ludwig-Straße in nördlicher Richtung. Beim Plantagenweg halten wir uns links und erreichen die Eichenfeldsiedlung. Auf der Fichtenstraße kommen wir zum Waldrand, dem wir nach links folgen, dann aber rechts in den Wald hineingehen und durch eine kleine Schlucht hinunter zur Fahrstraße wandern. Jetzt haben wir links abzweigend nur noch wenige Schritte bis zur Plantage (Ausflugslokal mit Biergarten, Startpunkt eines Trimmpfades).

Von dort gehen wir auf einem Feldweg in südlicher Richtung durch Äcker und Weiden in die Stadt zurück. Über die Steinbreite (Breitstein) erreichen wir das Gelände der Fachhochschule, das wir in westlicher Richtung umgehen: über die Lange Point zum Wald, am Waldrand entlang südlich zur Siedlung und am Vogelherd weiter über die Griesfeldstraße nach Vötting. Von hier geht es auf der Hohenbachernstraße an der Fachhochschule und an der Molkerei vorbei nach Weihenstephan hinauf. Von dort wandern wir in östlicher Richtung auf dem Weihenstephaner Fußweg, vorbei am sehenswerten Staudensichtungsgarten der Fachhochschule Weihenstephan hinunter in die Stadt und durch den Stadtpark zurück zum Bahnhof.

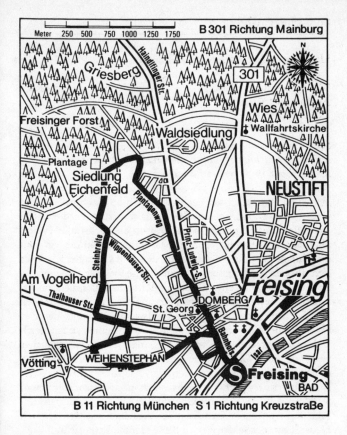

Rückfahrt: S 1 ab Freising

Sehenswert: Der Dom zu Freising: Ein großartiges romanisches Bauwerk, von Gotik und Barock überformt. Durch das Marmorportal (17. Jh.) gelangt man in die gewölbte Vorhalle (1314) und vor das spätromanische Innenportal mit schönen Relief-Figuren (um 1200). Das Schiff ist von den Brüdern Asam prachtvoll barock ausgestattet. Besonders bemerkenswert: Die von den Brüdern Asam geschaffene Sakramentskapelle (Johanneskapelle) und die romanische, vierschiffige Krypta unter dem Chor mit der berühmten »Bestiensäule« (s. a. S. 13 und 17).

Marzling–Goldshausen–Altenhausen

Wanderbahnhof: Freising   Markierung: grünes Dreieck
Anfahrt: S 1 (Freising)   11 km, Wanderung

Sehr abwechslungsreich, zunächst waldige Flußniederungen, später offene hügelige Flur. Zahlreiche schöne Ausblicke auf Freising und in die weite Landschaft.

Vom Bahnhof gehen wir nach rechts, ein kurzes Stück auf der Ottostraße (Durchgangsstraße), dann rechts durch die Bahnunterführung und gleich wieder links in die Parkstraße. Weiter oberhalb biegen wir rechts in die Erdinger Straße ein und überqueren die Isar. Gleich hinter der Brücke biegen wir links ein auf den Hochwasserdamm und gehen weiter flußabwärts. Bald ist die busch- und niederwaldbestandene Isaraue erreicht, durch die wir jetzt bis in Höhe Marzling wandern. Dort wenden wir uns nach links, überqueren die Isar und gehen in den Ort hinein. Beim Wirtshaus geht es ein Stück nach links, dann gleich wieder rechts und nun auf fast gerader Straße in nördlicher Richtung nach Goldshausen und weiter nach Jaibling durch offene, hügelige Flur.
Von dort halten wir uns südwestlich nach Altenhausen und wandern auf dem Altenhausener Fußweg wieder hinunter nach Freising. Auf der Wiesenthalstraße erreichen wir den Ortsteil Neustift mit der sehenswerten Barockkirche St. Peter und Paul. Über Alte-Post-Straße, Herrenweg und Angerbadstraße erreichen wir wieder die Ottostraße, folgen ihr ein Stück nach rechts, unterqueren dann die Bahngleise und gehen parallel zu ihnen zum Bahnhof zurück.

Rückfahrt: S 1 ab Freising
Sehenswert: Auf dem Freisinger Domberg: Die Kreuzgang-Anlage aus dem 15. Jahrhundert, Stuck und dekorative Fresken von Johann Baptist Zimmermann (1716), bemerkenswerte Portraitgrabsteine (14. bis 17. Jahrhundert).

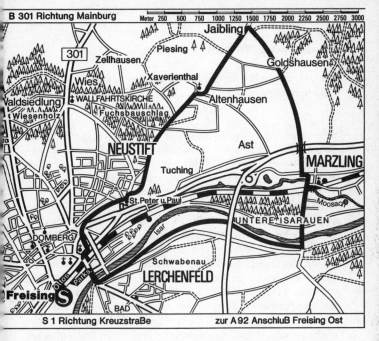

B 301 Richtung Mainburg   Meter 250 500 750 1000 1250 1500 1750 2000 2250 2500 2750 3000

Johanneskirche: 1319 bis 1321 erbaut als Kollegiatsstift und bischöfliche Hofkapelle, bemerkenswerter hochgotischer Bau mit Freskenresten und bedeutenden Figuren (14./15. Jh.). Fürstbischöfliche Residenz und Diözesanmuseum.

Ehem. Prämonstratenserkloster St. Peter und Paul in Freising/Neustift: 1141 gegründet, 1700 bis 1715 vollständiger Neubau von Giovanni Antonio Viscardi. Nach Brand 1751 Wiederherstellung und typisch barocke Ausstattung. Wandpfeilerkirche mit drei sehr hohen Seitenkapellen, ausgezeichnet durch eindrucksvolle Deckenfresken von Johann Baptist Zimmermann (1756). Der Hochaltar von Ignaz Günther, vorwiegend barock, mit reichsten Rokoko-Ornamenten überzogen, zählt zu den besten der Zeit.

St. Valentin in Altenhausen: 1717 durch Bischof Ecker erbaut. Stattliche Kirche mit hervorragenden Stuckarbeiten. Altäre von 1718. Gotischer Sattelturm (s. a. S. 11 und 17).

Wieskirche und Neustift

Wanderbahnhof: Freising   Markierung: grünes Quadrat
Anfahrt: S 1 (Freising)   9 km, Wanderung

Sehr abwechslungsreiche Wanderung. Am Weg liegen der sehens-werte Stadtpark und der Staudensichtungsgarten der Fachhoch-schule. Es gibt reizvolle Waldstrecken und einen schönen Spazier-gang am Waldrand entlang mit lohnenden Blicken auf die Stadt.

Vom Bahnhof wenden wir uns nach links und am Ende des Bahnhofsvorplatzes wieder nach rechts. Dann überqueren wir die Münchner Straße (Durchgangsstraße) und kommen über die Saarstraße zum Moosach-Bach. Hier biegen wir links in den Stadtpark ein, den wir am steilen Berghang wieder verlassen. Wir gehen nun rechts in den Veitsmüllerweg. Am Hang entlang wandern wir in Richtung Obere Hauptstraße, biegen aber kurz vorher scharf links in den Weihenstephaner Fußweg ein, der steil den Berghang hinaufführt. Am Staudensichtungsgarten der Fachhochschule vorbei erreichen wir Weihenstephan und gehen nun die gewundene Teerstraße hinunter, an der Molkerei vorbei zum Gelände der Fachhochschule. Dort wandern wir rechts auf der Vöttinger Straße weiter bis zur Langen Point, in die wir links einbiegen. Wenig später geht es erneut links weg in die Thal-hauser Straße. Auf der anderen Seite des Fachhochschulgeländes angelangt, biegen wir rechts in die Steinbreite ein. Jetzt geht es wieder bergauf. Weiter oberhalb folgen wir ein Stück links der Wippenhauser Straße und wenden uns dann wieder nach rechts auf einem gewundenen Feldweg zum Wald hinauf. Gleich nach dem Waldrand ist die »Plantage« erreicht. Von hier geht es rechts weiter durch den Wald bis zur Äußeren Haindlfinger Straße. Dieser folgen wir ein Stück nach links, halten uns aber bei der Waldsiedlung wieder rechts und erreichen nach einer schönen Waldstrecke das Wieskircherl. Von hier führt der Weg in südlichem Bogen am Waldrand entlang hinunter zum Stadtrand. Auf der Wiesenthalstraße erreichen wir den Ortsteil Neustift mit

der sehenswerten Barockkirche St. Peter und Paul. Über Alte-
Post-Straße, Herrenweg und Angerbadstraße erreichen wir die
Ottostraße, folgen ihr ein Stück nach rechts, unterqueren dann
die Bahngleise und gehen parallel zu ihnen, vom Verkehr
abgeschirmt, zum Bahnhof zurück. Nur beim letzten Stück
müssen wir die belebte Ottostraße noch in Kauf nehmen.

Rückfahrt: S 1 ab Freising
Sehenswert: Dom und Pfarrkirche St. Georg in Freising, St.
Peter und Paul in Freising/Neustift (s. S. 11, 13 und 17).

Rundweg: östliche Isarauen

Wanderbahnhof: Freising
Anfahrt: S 1 (Freising)

Markierung: grüner Punkt
8 km, Wanderung

Auf gewundenen Wegen durch typische Auwälder der Isar, später durch offene, leicht hügelige Flur.

Vom Bahnhof geht es nach rechts, ein kurzes Stück über die Ottostraße (Durchgangsstraße), dann rechts durch die Bahnunterführung und gleich wieder links in die Parkstraße. Weiter oberhalb überqueren wir die Erdinger Straße und gehen geradeaus weiter auf der Parkstraße und immer entlang der Moosach. Die Parkstraße mündet nun in den Marzlinger Fußweg, dem wir durch die Isarauen am Nordufer bis nach Marzling folgen. Wir biegen nach links ein auf die Fahrstraße in den Ort hinein. Beim Wirtshaus wandern wir links, dann aber geradeaus weiter, nun halbrechts bergauf zur Auffahrt der Landshuter Landstraße, die wir weiter oberhalb überqueren. Vorbei am Einzelhof Ast geht es nun durch den Vorort Tuching. Nun verlassen wir die Höhe und gehen auf der Tuchinger Straße und der Alten-Post-Straße hinunter nach Neustift. Über Herrenweg und Angerbadstraße erreichen wir wieder die Ottostraße, folgen ihr ein Stück nach rechts, unterqueren dann die Bahngleise und gehen parallel zu ihnen, vom Verkehr abgeschirmt, zum Bahnhof zurück. Nur das letzte Stück müssen wir die belebte Ottostraße noch in Kauf nehmen.

Rückfahrt: S 1 ab Freising
Sehenswert: Pfarrkirche St. Georg in Freising: weiträumige, dreischiffige Hallenkirche, um 1440 erbaut, mit stattlichem, schönem Westturm (1679–89). Bemerkenswerte Holzreliefs der Landshuter Schule (um 1480), Holzfigur Anna Selbdritt (um 1500), Bildgrabsteine 16. und 17. Jahrhundert.
Wieskirche bei Freising: 1746–48 erbaut (um eine Kopie des

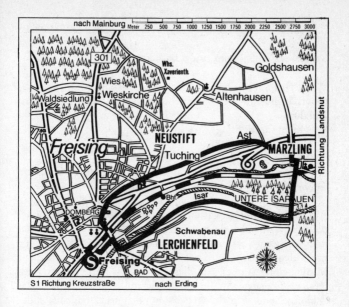

Steingadener Wiesbildes). Kurzes Langhaus mit anschließendem ovalem Hauptraum (originelle Wandpilaster). Deckenfresken (1762) von Franz Xaver Wunderer. Zahlreiche Votivtafeln, Wandvitrinen mit Votivgaben.

Mariensäule am Freisinger Marienplatz: 1674 erstellt, häufig restauriert, auf dem Sockel die Patrone Freisings: Corbinian, Sigismund, Norbert und Franziskus.

Schlösser Schleißheim und Lustheim

Wanderbahnhof:	Markierung: grüner Ring
Oberschleißheim	(nicht im Bereich des Schloßparks,
Anfahrt:	dort freie Wegwahl)
S 1 (Richtung Freising)	6 km, Spaziergang

Sehr schöner weitläufiger Schloßpark mit Kaskade und Kanälen. Lohnende Sammlungen sind zu besichtigen.

Am Bahnhof wenden wir uns nach links in den Ort, gehen über die Brücke, die über die S-Bahn-Gleise führt, auf der Mittenheimer Straße nach Süden (oder durch die Fußgängerunterführung unter den Gleisen hindurch und über die Rotdornstraße zur Mittenheimer Straße). Auf dieser gehen wir weiter, überqueren dann die Freisinger Straße und den Schloßkanal und betreten das Schloßgelände. Ein Stück geht es noch nach Süden auf der Effnerstraße, dann biegen wir links ein, gehen am Alten Schloß vorbei und betreten den Schloßpark am Ende des Nordflügels des Schlosses. Im Park halten wir uns auf beliebigen Wegen immer ostwärts, gehen in großem Bogen um Schloß Lustheim herum und kehren wieder in westlicher Richtung zum Schloß Schleißheim zurück. Am Ende des Südflügels vorbei führt unser Weg über die Amigonistraße und die Effnerstraße und weiter auf der Mittenheimer Straße über die Route des Herwegs zum Bahnhof zurück.

Rückfahrt: S 1 ab Oberschleißheim
Sehenswert: Altes Schloß Schleißheim: Einfach und klar gegliederter Bau mit betontem Mitteltrakt (1616), hervorgegangen aus dem Herrenhaus, an das sich Wirtschaftsgebäude anschließen. Neues Schloß Schleißheim: Eindrucksvoller langgestreckter Hauptbau (169 m) mit mächtigen Pilastern am Mittelbau und um ein Geschoß niedrigere Seitenflügel von Josef Effner (1719, Fortsetzung des 1701 von Zuccali begonnenen Rohbaus). Bauliche und dekorative Details, die zum Besten der deutschen

Barockkunst zählen: Das geschnitzte Portal (Ignaz Günther, 1763), der weiträumige Treppenaufgang mit einem Fresko von Cosmas Damian Asam, der von Johann Baptist Zimmermann stuckierte Festsaal mit schönen Fresken, die barocken Prunkräume. Gemäldegalerie, Teil der bayerischen Staatsgemäldesammlungen.

Schloß Lustheim in Schleißheim: Repräsentatives, nach italienischem Vorbild erbautes Schloß (1684–89 von Enrico Zuccalli) auf der Ostseite des 1715 von Effner und Girard neu angelegten Schloßparks. Das Schloß birgt heute die einzigartige Sammlung Schneider mit frühem Meißner Porzellan.

Riedmoos–Unterschleißheim–Bergl

Wanderbahnhof: Oberschleißheim   Markierung:
Anfahrt: S 1 (Richtung Freising)   grünes Quadrat
                                                12 km, Wanderung

*Meist durch offene Flur, teilweise Mooslandschaft, ein schöner
Abschnitt durch das Bergl-Holz.*

Vom Bahnhof gehen wir rechts auf der parallel zur Fahrstraße
(Feierabendstraße) verlaufenden Mittenheimer Straße in nördlicher Richtung. Wir passieren das Gewerbegebiet und gehen an
dessen Ende in der Siedlung Mittenheim noch ein Stück weiter
nördlich auf der Fahrstraße nach Unterschleißheim (sie heißt ab
hier Hauptstraße), bis bei einem Bauerngehöft die Birkhahnstraße nach links abzweigt. Auf dieser geteerten Allee durch Felder
und Wiesen wandern wir schnurgerade nach Westen und überqueren nach etwas mehr als zwei Kilometer die Autobahn. Kurz
danach biegen wir rechts in die Würmbachstraße ein (eine Allee
mit mächtigen alten Bäumen) und gehen weiter in nördlicher
Richtung nach Riedmoos, einem kleinen Straßendorf, an dessen
Ende wir wieder freies Feld, meist Äcker mit Mais, Kartoffeln
und Getreide, erreichen. Hier wandern wir rechts auf einem
Feldweg weiter und gehen nach etwa einem Kilometer an der
Weggabelung links auf das kleine Wäldchen zu. Dort folgen wir
einem kleinen Bachlauf bis zur Wegkreuzung. Wir biegen rechts
ein, kommen bald auf einen asphaltierten Feldweg, der uns –
vorbei am Erholungsgebiet (Bademöglichkeit) – über die Autobahn hinüberführt in den Furtweg. Auf diesem wandern wir
weiter, entlang einer kleinen Parkanlage mit Weiher, in den Ort
Unterschleißheim (Möglichkeit, die Wanderung abzubrechen
und zurückzufahren).

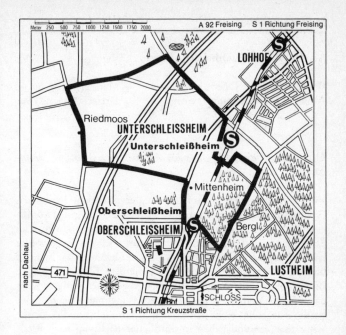

Der Weg setzt sich nach rechts fort, vorbei an einer Schule und durch eine neuere Siedlung, über den Münchner Ring hinweg und wieder durch freie Flur in Richtung auf das Bergl-Holz. Durch diesen schönen Wald geht es auf schattigen breiten Forstwegen (beliebte Radlstrecke) zur großen Lichtung, dann wieder durch Wald in südlicher Richtung nach Oberschleißheim. Am Ende des Waldes biegen wir rechts ein »Am Stichgartl« und am Ende dieser Straße links in die Rotdornstraße, die parallel zu den Gleisen zum S-Bahnhof führt. Zum Bahnsteig führt von der Rotdornstraße eine Fußgängerunterführung.

Rückfahrt: S 1 ab Oberschleißheim (auch ab Unterschleißheim nach halbem Weg)

Marienmühle – Haimhausen – Bergl

Wanderbahnhof: Oberschleißheim

Anfahrt: S 1 (Richtung Freising)

Markierung: grünes

Dreieck, 18 km, Tour

Offene Flur, leicht hügelig nach Abzweigung Richtung Haimhausen.

Vom Bahnhof wandern wir rechts auf der parallel zur Fahrstraße (Feierabendstraße) verlaufenden Mittenheimer Straße in nördlicher Richtung. Wir passieren das Gewerbegebiet und gehen an dessen Ende in der Siedlung Mittenheim noch ein Stück weiter nördlich auf der Fahrstraße nach Unterschleißheim (sie heißt ab hier Hauptstraße), bis nach links bei einem Bauerngehöft die Birkhahnstraße abzweigt. Auf dieser Allee gehen wir geradeaus nach Westen und überqueren nach etwas mehr als zwei Kilometer die Autobahn. Kurz danach biegen wir rechts in die Würmbachstraße ein und gehen in nördlicher Richtung nach Riedmoos, einem kleinen Straßendorf, an dessen Ende wir wieder freies Feld erreichen. Hier zweigen wir dann nach links ab in nördlicher Richtung. Nun geht es auf einem fast geraden Feldweg durch offene Flur bis zur Marienmühle. Von hier nehmen wir den Mühlweg und kommen in einem Rechtsbogen zur Dachauer Straße, die entlang der Amper durch den Ort Ottershausen und nach Haimhausen hineinführt (Abstecher). An der Kirche in Ottershausen biegen wir nach rechts ein und kommen auf der Münchner Straße und dem Inhauser Weg wieder in freie Flur. An der Leiten geht es rasch bergab und nun immer in südlicher Richtung durch Mooswiesen in den Ort Unterschleißheim.
Der Weg setzt sich nach rechts fort, über den Münchner Ring hinweg und weiter nach rechts durch freie Flur in Richtung auf das Bergl-Holz. Durch diesen schönen Wald gehen wir auf schattigen, breiten Forstwegen zur großen Lichtung und in südlicher Richtung nach Oberschleißheim.

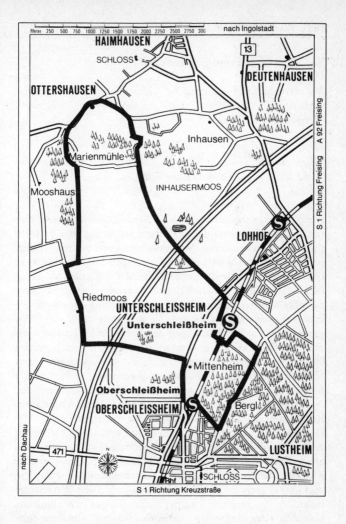

Rückfahrt: S 1 ab Oberschleißheim (auch ab Unterschleißheim, etwa 5 km kürzer)

Sehenswert: Schloß Haimhausen: Stattl. Rokokobau (F. Cuvilliés).

Bad Mariabrunn und Schönbrunn

Wanderbahnhof: Röhrmoos Markierung: grünes Quadrat
Anfahrt: S 2 16 km, Tour
(Richtung Petershausen)

Überwiegend durch offenes Gelände, Hügellandschaft ohne große Steigungen, Teilstücke am Waldrand, lohnende Aussichtspunkte.

Am Wanderbahnhof wenden wir uns nach Süden, unterqueren die S-Bahn-Gleise auf der Schönbrunner Straße und wandern nun nach Kleininzemoos. Von dort geht es immer in südlicher Richtung auf wenig befahrener Teerstraße nach Arzbach. Hier halten wir uns in der Ortsmitte nach links und gehen auf einem befestigten Feldweg südöstlich nach Unterweilbach. Nach dem Bahnübergang nehmen wir linker Hand die Röhrmoosstraße und erreichen dann rechts über die Roßwachtstraße den Ortsausgang. Auf festen Kieswegen durch die Felder kommen wir zum Purtlhof. Hier folgen wir der nach rechts verlaufenden Teerstraße Richtung Ampermoching, die wir jedoch nach etwa einem Kilometer nach links abbiegend verlassen, und gehen nun bergauf zu den »Drei Linden«, einem schönen Aussichtsplatz. Auf einem Feldweg wandern wir weiter geradeaus in nördlicher Richtung nach Bad Mariabrunn (schöner Biergarten).
Hinter der Kapelle und der Töpferei setzt sich der Weg halblinks in den Wald hinein fort, erst leicht bergauf, dann sanft bergab. Schon bald verlassen wir wieder den Wald, bleiben in nördlicher Richtung, überqueren einen Bach auf schmalem Steg und gehen nun immer sacht bergauf zum weithin sichtbaren Wasserturm hinauf, an ihm vorbei und wieder bergab in den Ort Schönbrunn hinein. An der Heilanstalt vorbei wandern wir durch den Ort und weiter auf der Straße nach Rudelzhofen. Wir bleiben weiter in nördlicher Wanderrichtung und kommen nach etwa einem Kilometer durch Felder auf einem geteerten Straßerl nach Biberbach. Hier schwenken wir nach links und bleiben auf der

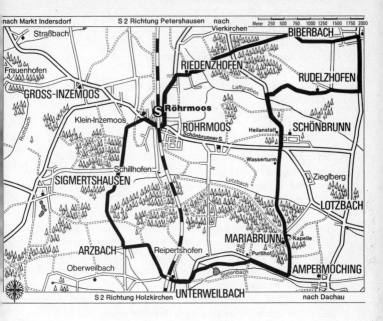

nach Markt Indersdorf   S 2 Richtung Petershausen   nach Vierkirchen

Meter 250 500 750 1000 1250 1500 1750 2000

Straßbach

BIBERBACH

Frauenhofen

RIEDENZHOFEN

RUDELZHOFEN

GROSS-INZEMOOS

Laffgraben

Rohrbach

Klein-Inzemoos

S Röhrmoos

RÖHRMOOS

SCHÖNBRUNN

Schönbrunner S.

Heilanstalt

Wasserturm

Schillhofen

Zieglberg

SIGMERTSHAUSEN

Lotzbach

LOTZBACH

MARIABRUNN

Kapelle

ARZBACH

Reipertshofen

Purtlhof

AMPERMOCHING

Oberweilbach

Sietenbach

S 2 Richtung Holzkirchen   UNTERWEILBACH   nach Dachau

Fahrstraße nach Westen bis Riedenzhofen. Von hier führt uns eine asphaltierte Ortsstraße direkt zum Wanderbahnhof Röhrmoos zurück.

Rückfahrt: S 2 ab Röhrmoos
Sehenswert: Kapelle Mariä Verkündigung in Mariabrunn: 1662–70 von dem Dachauer Georg Teisinger als ovaler Zentralbau gestaltet. Über dem Kuppeldach ein bemerkenswerter Dachreiter aus dem 18. Jahrhundert. Das Hochaltargemälde aus dem 17. Jahrhundert ist eine Kopie des Gnadenbildes in S. Annunziata in Florenz.
Hl. Kreuzerfindung in Schönbrunn: 1723–24 als Hofmarkkirche erbaut, Johann Baptist Gunetzrhainer zugeschrieben, rechteckiger Bau mit gestrecktem Mittelraum und Nebenräumen an den vier Ecken; spätbarocke Stuckdekoration.

Sigmertshausen und Großinzemoos

Wanderbahnhof: Röhrmoos   Markierung: grünes Dreieck
Anfahrt: S 2   13 km, leichte Tour
(Richtung Petershausen)

Ein überwiegend schattenloser Wanderweg durch die typische hügelige Landschaft fruchtbarer Äcker mit kleinen Waldflecken im Norden Dachaus, überwiegend auf befestigten Feldwegen, einige Abschnitte auf Asphalt.

Am Bahnhof gehen wir in südlicher Richtung bis zur Schönbrunner Straße, dort biegen wir rechts ein, unterqueren die S-Bahn-Strecke und gehen gleich wieder nach links. Wir folgen zunächst den Gleisen durch freies Feld zum Weiler Schillhofen. Von dort wandern wir in westlicher Richtung zuerst weiter durch offenes, leicht gewelltes Ackerland, dann durch ein Nadelgehölz nach Sigmertshausen. Im Ort gehen wir ein Stück südwärts und nehmen dann rechts abbiegend die Teerstraße nach Niederroth. Wir gehen über die Bahngleise und durchqueren den Ort in nördlicher Richtung, schwenken aber kurz vor dem Ortsende nach links und wandern nun auf einem Feldweg durch Wiesen und Ackerland zum Weiler Weyhern. Hier wenden wir uns erneut nach Norden, biegen aber schon wenig später nach rechts in einen Feldweg ein, der nun leicht bergab nach Osten durch die Felder führt, schließlich die Bahn überquert und dann mit einem Knick nach Norden zum Weiler Frauenhofen führt. Dort setzt sich der Weg wieder ostwärts fort, führt am Schloßberg vorbei und am Rande eines Wäldchens entlang, dann durch den Wald und wieder über freies Feld nach Großinzemoos. Wir durchqueren den Ort, wandern auf einem Feldweg ein Stück weiter östlich, nehmen dann an der Kreuzung den Weg nach Süden, erreichen die Fahrstraße und kommen links einbiegend auf ihr nach Röhrmoos und zum Wanderbahnhof zurück.

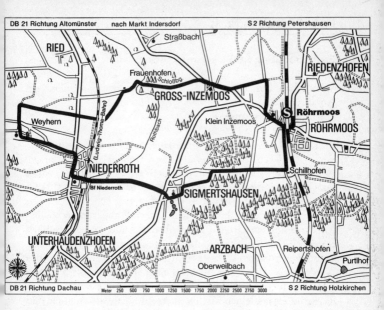

Rückfahrt: S 2 ab Röhrmoos

Sehenswert: Kirche St. Vitalis in Sigmertshausen: Spätwerk Johann Michael Fischers (1755). Quadratisches Schiff mit innen gerundeten Ecken. Deckengemälde aus der Mitte des 18. Jahrhunderts. Die Gemälde der beiden Seitenaltäre umfassen phantasievoll dekorierte Rokokorahmen.

Pfarrkirche St. Georg in Niederroth: Spätgotischer, rechteckiger Altarraum mit Netzgewölbe, das Langhaus wurde im 18. Jahrhundert verändert. Mehrere gute Holzbildwerke aus dem 17./18. Jahrhundert (Sebastian, Kreuzgruppe). Hochaltargemälde sowie Altäre und Kanzel aus dem 18. Jahrhundert.

Ampermoching und Dachau

Wanderbahnhof: Röhrmoos   Markierung: grüner Ring
Anfahrt: S 2   13 km, Tour
(Richtung Petershausen)

Reizvolle Wanderung durch unterschiedliche Landschaftsformen.

Vom Bahnhof gehen wir südlich, überqueren die Schönbrunner
Straße und nehmen dann links den Weg durch die Blumenstraße,
der leicht ansteigend später in einen Fußweg neben der Schönbrunner Straße einmündet. Nach kurzer Wanderung erreichen
wir den östlichen Ortsteil von Röhrmoos und schwenken nach
rechts ein in südlicher Richtung, gehen dann am Wirtshaus
vorbei und aus dem Ort wieder heraus. Kurz vor Erreichen des
Waldrandes biegen wir links in einen Feldweg ein, der dem
Lotzbach folgt, parallel auch zur Hochspannungsleitung. Nach
Passieren eines kleinen Fischweihers kommen wir rechts in den
Wald. Auf einem Forstweg erreichen wir Bad Mariabrunn,
halten uns südlich, wandern bergauf an der Kapelle vorbei zum
Aussichtspunkt Drei Linden, dann den Feldweg abwärts bis zur
Fahrstraße und biegen links ein nach Ampermoching.
Im Ort bleiben wir weiter auf der Purtlhofer Straße, passieren
den Dorfweiher und biegen beim Gasthaus Großmann rechts
ein. Wenig später zweigen wir links ab und bleiben nun auf der
Fahrstraße, bis wir außerhalb des Ortes die Amper überqueren.
Dort schwenken wir gleich rechts auf den Amperuferweg ein
und wandern nun durch die schöne Flußauenlandschaft in
südöstlicher Richtung weiter, vorbei an der Würmmündung und
dann an der Würm entlang bis zur Fahrstraße. Hier biegen wir
nach rechts ein, überqueren die Würm und die Amper, um nun
am westlichen Amperufer weiterzuwandern. Durch die Amperauen im Dachauer Norden erreichen wir über die Erich-Ollen-
hauer-Straße den S-Bahnhof Dachau.
Rückfahrt: S 2 ab Dachau
Sehenswert: Kapelle Mariä Verkündigung in Mariabrunn (s. S.
25), Pfarrkirche St. Petrus in Ampermoching (15. Jh.).

Rundweg: Karlsfelder See

Wanderbahnhof: Dachau
Anfahrt: S 2
(Richtung Petershausen)

Markierung: grünes Quadrat
8 km, Wanderung

Ein angenehmer langer Spaziergang durch ebenes, schattenloses Gelände.

Vom östlichen Bahnhofsausgang geht es rechts in die Obere Moosschwaigstraße, dann an deren Ende halblinks weiter auf der Augustenfelder Straße, die die autobahnähnlich ausgebaute Theodor-Heuss-Straße überquert. Wenig später unterqueren wir die Ost-West-Schnellstraße, gehen noch ein Stückchen weiter auf der Münchner Straße geradeaus und dann links in die Bachrainstraße. An ihrem Ende wenden wir uns nach rechts, gehen am Bach entlang in südlicher Richtung, um nach einem kurzen Wegstück links in freies Feld auf einen Feldweg einzubiegen, auf dem wir direkt zum Erholungsgelände am Karlsfelder See gelangen. Auf einem befestigten Weg umrunden wir den See mit seinen Liegewiesen und Badeplätzen und nehmen dann die Route des Herwegs zum Bahnhof zurück.

Rückfahrt: S 2 ab Dachau

Sehenswert: Schloß Dachau: Großer Renaissancebau (1546–73) nach Entwurf von Heinrich Schöttl auf der Höhe der einstigen mittelalterlichen Burg; erhalten nur der Westflügel (ursprünglich vier Flügel). Im großen Saal mythologischer Fries von Hans Thonauer (um 1567), die Holzdecke mit reich geschnitzter Kassettenteilung von Hans Wisreuter (1564–67). 1715 von Josef Effner barock umgestaltet (Treppenhaus aus dieser Zeit). Sehenswert auch der Schloßpark mit schöner Aussicht.

Pfarrkirche St. Jakob in Dachau: Altarraum spätgotisch (1584–86 umgebaut), Neubau 1624/25 nach Plänen von Hans Krumpper. Gut belichtete Renaissance-Pfeilerhalle, im Mittelschiff Kreuzgewölbe. Zwei barocke Seitenaltäre aus Stuckmar-

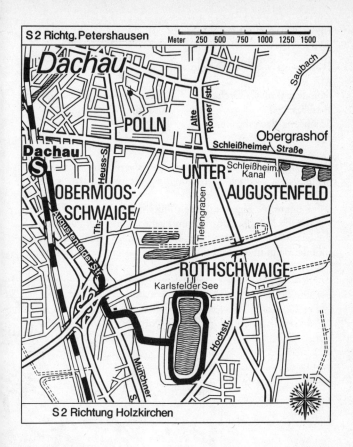

mor, Kanzel aus dem 17. Jahrhundert. An den Wänden und
Pfeilern im Langhaus lebensgroße Holzfiguren Christi und der
Apostel (um 1625) sowie von St. Rasso in eindrucksvoller
Rüstung. Im Altarraum: Silbergetriebene Halbfigur St. Jakobus
(1690), silberne Ampel (1705), vergoldetes Reliquiar (1774);
interessante Grabdenkmäler aus dem 17. Jahrhundert.
Gedenkstätte des ehemaligen Konzentrationslagers Dachau
(1933–1945), kegelförmige, turmartige Sühnekapelle »Zur To-
desangst Christi«, 1960 von Josef Wiedemann erbaut.

Rundweg: westliche Amperauen

Wanderbahnhof: Dachau   Markierung: grünes Dreieck
Anfahrt: S 2   10 km, Wanderung
(Richtung Petershausen)

Sehr reizvolle, schöne Wanderung auf schattigen Ufer- und Waldwegen, vielfach durch Auenvegetation und Mischwald.

Vom Bahnhof folgen wir nach links der Bahnhofstraße, überqueren die Münchner Straße und gehen weiter geradeaus durch die Schillerstraße. Diese führt halblinks am Freibad vorbei und mündet dann in die Ludwig-Dill-Straße. Vor der Amperbrücke

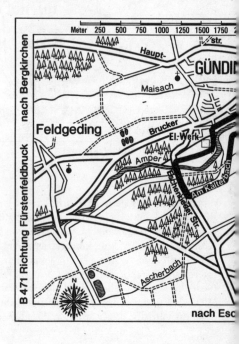

biegen wir links in den Amperuferweg ein und bleiben jetzt immer entlang der Amper flußaufwärts. Bei der Kanaleinmündung verlassen wir nach links in südlicher Richtung die Amper und erreichen die Straße Am Kaltenbach, der wir in südwestlicher Richtung folgen. An ihrem Ende im Ortsteil Neuhimmelreich biegen wir rechts in die Eschenrieder Straße ein, die nach der Amperbrücke in die Kanalstraße übergeht. Wir gehen nun am rechten Kanalufer in östlicher Richtung, vorbei am Elektrizitätswerk. Beim Wandererheim überqueren wir den Kanal und folgen dem Norduferweg amperaufwärts durch Waldpartien, dann unterhalb des Ortsteils Mitterndorf zurück zur Ludwig-Dill-Straße. Wir überqueren die Amper erneut und gehen über Schillerstraße und Bahnhofstraße zurück zum Wanderbahnhof.

Rückfahrt: S 2 ab Dachau
Sehenswert: Schloß und Schloßgarten, Altstadt (abseits).

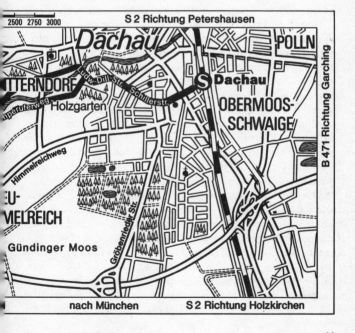

Würmmühle und Hebertshausen

Wanderbahnhof: Dachau   Markierung: grüner Ring
Anfahrt: S 2   20 km, Tour
(Richtung Petershausen)

Reizvolle, abwechslungsreiche Tour durch Amperauen, Wald-partien und schöne Hügellandschaft mit lohnenden Ausblicken.

Vom Bahnhof führt der Weg nach rechts über die Frühlingsstra-ße und ein Stück weiter geradeaus auf der Martin-Huber-Straße, bis wir vor der Amper nach rechts abzweigen und auf dem Amperweg am Fluß entlang weitergehen. An der Erich-Ollen-hauer-Straße überqueren wir die Amper, dann den Kanal und biegen wieder rechts auf das westliche Amperufer ein. Durch die Flußauen geht es weiter in nördlicher Richtung bis in Höhe der Würmmühle, an der wir erneut auf das östliche Ufer wechseln und weiterwandern über die Würm hinweg, um dann wieder nach Norden schwenkend der Würm zu folgen, die etwas weiter oberhalb in die Amper mündet. Nun haben wir wieder ein schönes Stück durch die Amperauen vor uns, die wir erst oberhalb von Deutenhofen verlassen. Auf der Fahrstraße biegen wir links ein, überqueren den Fluß und wenden uns bald wieder nach links. Vorbei an der Gastwirtschaft Waldfrieden erreichen wir über Medienstraße, Mühlweg und Mandelstraße den Ort Deutenhofen. Weiter geht es über freies Feld auf Feldwegen in westlichem Bogen nach Hebertshausen.
Im Ort setzt sich der Weg über Mariabrunnstraße, Flurstraße und Bahnhofstraße fort. Vor dem S-Bahn-Haltepunkt Walperts-hofen wenden wir uns nach links und wandern neben dem Gleis bergauf und wieder bergab bis zur Fahrstraße, wo wir nach rechts die Gleise unterqueren und auf der Fahrstraße nach Prittlbach weiterwandern. Im Ort folgen wir der Dorfstraße, biegen dann links in die Kirchstraße ein, gehen an St. Kastulus vorbei und wenden uns dann erneut nach links in die offene Flur der Hügellandschaft. Am Friedhof am Leitenberg und der

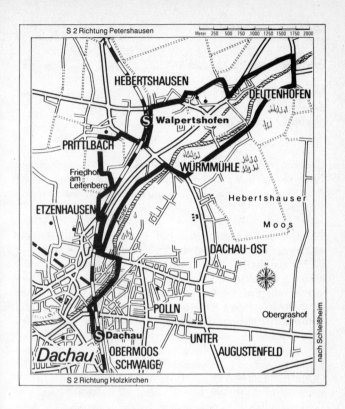

Meter 250 500 750 1000 1250 1500 1750 2000

HEBERTSHAUSEN

DEUTENHOFEN

S Walpertshofen

PRITTLBACH

Friedhof
am
Leitenberg

WÜRMMÜHLE

ETZENHAUSEN

Hebertshauser

Moos

DACHAU-OST

N

POLLN

Obergrashof

S Dachau

Dachau

UNTER

OBERMOOS

AUGUSTENFELD

SCHWAIGE

nach Schleißheim

italienischen Kapelle vorbei führt uns der Weg weiter in südlicher Richtung bis zum Ortsteil Etzenhausen. Dort überqueren wir erneut die Bahngleise und gehen dann nach rechts in die Anton-Burgmaier-Straße, die an der Bahn entlangführt, schwenken halblinks in die Veltenstraße, die uns zur Erich-Ollenhauer-Straße führt. Hier erreichen wir die Route des Herwegs und folgen ihr zum Bahnhof zurück.

Rückfahrt: S 2 ab Dachau
Sehenswert: Schloß, Pfarrkirche St. Jakob und ehemalige KZ-Gedenkstätte in Dachau (s. S. 30/31).

35

Prittlbach und Etzenhausen

Wanderbahnhof: Dachau   Markierung: grüner Punkt
Anfahrt: S 2   12 km, Tour
(Richtung Petershausen)

Gut gehbare Wege, meist durch freie Hügellandschaft mit kurzen Passagen durch Wald, am Amperufer entlang. Einige schöne Aussichtspunkte, mäßige Steigungen und Gefälle, wenig Schatten.

Vom Bahnhof gehen wir nach rechts durch die Frühlingsstraße und weiter geradeaus über die Schleißheimer Straße hinweg in die Martin-Huber-Straße, dann über die Martin-Huber-Treppe hinauf in die Altstadt. Hier kreuzen wir die Konrad-Adenauer-Straße und gehen über die Gottesackerstraße und die Herbststraße den Altstadtberg jenseits wieder hinab. Wir kreuzen die vielbefahrene Mittermayerstraße, gehen durch die Von-Hohenhausen-Straße und biegen dann rechts in die Kolbeckstraße ein. Ein Stück weiter geht es links in die Hochstraße und nach etwa 500 Meter rechts in die Krankenhausstraße, die bergab über die Gleise der Ludwig-Thoma-Local-Bahn hinweg zum Ortsteil Steinkirchen führt. Von hier wandern wir durch freie Flur um den Hohen Berg (526 m) herum in weitem Bogen westlich, dann östlich nach Prittlbach. Wir bleiben außerhalb des Ortes und wenden uns kurz vor Erreichen der Kirche St. Kastulus wieder nach rechts in südliche Richtung, dann erneut nach links in die offene Flur der Hügellandschaft. Über den Friedhof am Leitenberg und an der italienischen Kapelle vorbei führt uns der Weg weiter in südlicher Richtung zum Ortsteil Etzenhausen. Dort überqueren wir erneut die Bahngleise und wenden uns dann gleich nach rechts in die Anton-Burgmaier-Straße, die an der Bahn entlangführt, schwenken später nach halblinks in die Veltenstraße, die uns bis zur Erich-Ollenhauer-Straße führt.

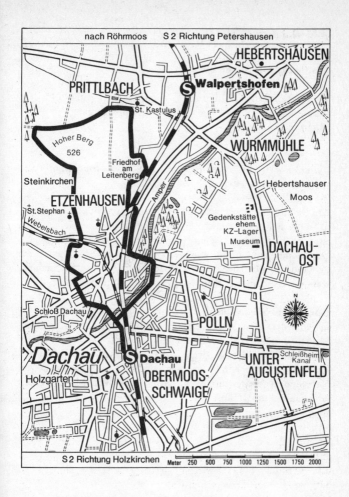

Von hier gelangen wir auf dem Amperweg zur Martin-Huber-Straße und über die Frühlingstraße zum S-Bahnhof.

Rückfahrt: S 2 ab Dachau

Rundweg: Olchinger See

Wanderbahnhof: Olching   Markierung: grünes Quadrat
Anfahrt: S 3   5 km, Spaziergang
(Richtung Maisach)

Ein erholsamer Spaziergang, im Ort auf Asphaltwegen, am See auf festen Kieswegen.

Am Bahnhofsausgang wenden wir uns nach rechts, unterqueren dann die Bahn, schwenken erneut nach rechts und bleiben nun auf der Feursstraße. Wenig später biegen wir rechts in die Daxerstraße ein, auf der wir bis zum Olchinger See gehen. Hier umrunden wir den See durch das Bade- und Erholungsgebiet und wandern dann auf der Route des Herwegs zum Bahnhof zurück.

Rückfahrt: S 3 ab Olching
Sehenswert: Pfarrkirche St. Peter in Olching, das bereits im 13. Jahrhundert als Pfarrort beurkundet ist: Neuromanische Basilika, 1905 vollendet, dreischiffig mit kassettierter Flachdekke. Aus der alten Kirche noch erhalten: In einer rückwärtigen Kapelle drei Altäre (um 1700), Holzfiguren von Maria, Petrus und Paulus (um 1500).

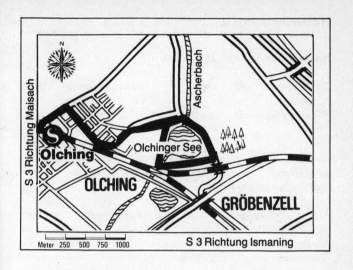

Neuhimmelreich und Dachau

Wanderbahnhof: Olching   Markierung: grünes Dreieck
Anfahrt: S 3   12 km, Wanderung
(Richtung Maisach)

Eine ausgedehnte Wanderung durch vielfältige Landschaftsformen, besonders reizvoll die Strecken durch die Amperauen. Der Weg bleibt fast immer eben.

Am Bahnhofsausgang wenden wir uns nach rechts, unterqueren die S-Bahn, schwenken erneut nach rechts und bleiben nun auf der Feursstraße. Wenig später biegen wir wieder rechts in die Daxerstraße ein. An der Max-Reger-Straße geht es dann links weiter und später auf der Neufeldstraße bis zur Ascherbachstraße, die uns dem Bachlauf folgend nach Norden durch freies Feld führt. In Graßlfing wenden wir uns nach rechts, überqueren auf

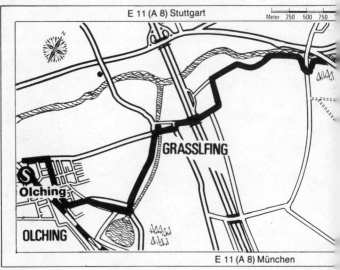

dem Marienweg die Autobahn (A 8 Richtung Stuttgart), biegen dann wenig später nach links in die Seestraße ein und schwenken bei den Kläranlagen wieder nach rechts in die Wehrstraße. Nach kurzer Strecke erreichen wir das Amperufer, dem wir dann – die Straße nach Feldgeding über-, die Schnellstraße unterquerend – folgen. Nach der Straßenunterführung schwenken wir nach rechts und gehen in Richtung Neuhimmelreich weiter. Nach kurzer Entfernung halten wir uns aber wieder links, erreichen die Eschenrieder Straße, auf der wir ein Stück nach Norden gehen und dann vor der Amper rechts in die Amperauen einbiegen. Von hier ab bleiben wir in den teils buschbestandenen, teils waldigen Auen bis zur Ludwig-Dill-Straße, in die wir nach rechts zur Stadtmitte einbiegen. Über Schillerstraße und Bahnhofstraße kommen wir zum S-Bahnhof Dachau. Alternativ kann man der Eschenrieder Straße nach rechts südlich folgen, dann Am Kalterbach links einbiegen und am südlichen Amperufer entlang wandern bis zur Ludwig-Dill-Straße.

Rückfahrt: S 2 ab Dachau
Sehenswert: Schloß Dachau (s. S. 30).

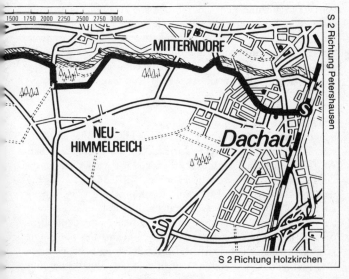

Zellhof und Schöngeising

Wanderbahnhof: Fürstenfeldbruck	Markierung:
Anfahrt: S 4	grünes Quadrat
(Richtung Geltendorf)	7 km, Wanderung

Schöner Weg durch das Ampertal, vielfach schattig am Waldrand, später durch offene Flur, geringe Steigungen.

Am Bahnhofsausgang gehen wir links über die Bahnhofstraße bis zur Bahnunterführung, die wir durchqueren, biegen dann gleich nach rechts ein und wandern auf dem Waldweg zwischen Waldrand und Gleisen weiter. Bei der nächsten Unterführung halten wir uns weiter geradeaus und bleiben nun auf dem schattigen Teerstraßerl (Zellhofstraße) immer am Waldrand oberhalb der Amperauen in südwestlicher Richtung. Bei einem Amperbogen, der nahe an die Straße heranführt, verlassen wir den Waldrand und gehen durch offene Flur zum Zellhof und weiter zum Wasenmeister, wo wir die Fahrstraße von Holzhausen erreichen und ein Stückchen weiter rechts in den Wiesenweg einbiegen, die Ampersstege überqueren und in den Ort Schöngeising kommen. Von der Ortsmitte führt schnurgerade unser Weg weiter nach Norden zum etwa zwei Kilometer entfernten S-Bahnhof.

Rückfahrt: S 4 ab Schöngeising
Sehenswert: Ehem. Klosterkirche Mariä Himmelfahrt des Klosters Fürstenfeld in Fürstenfeldbruck: Von der mittelalterlichen Anlage (gegr. 1263) ist nichts erhalten, 1701 nach Plänen von Giovanni Antonio Viscardi begonnen, 1718–36 von J. G. Ettenhofer fertiggestellt; Turm mit Helmkuppel um 1754, Innenausstattung 1766 vollendet. Einer der großartigsten Kirchenbauten Oberbayerns, Verbindung von italienischem und deutschem Barock. Betonte Farbigkeit – rot-graue Stuckmarmorsäulen mit vergoldeten Kapitellen, leuchtend grüne Brüstungsbehänge, zartrosa und gelbe Stukkaturen. Leuchtende Gewölbefresken von

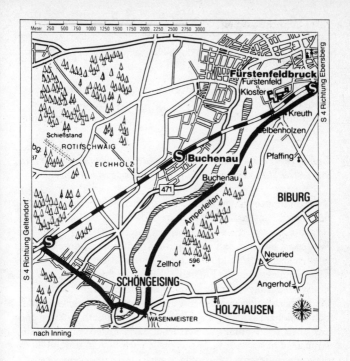

Cosmas Damian Asam. Mächtiger Hochaltar mit reichem Ranken- und Figurenschmuck. Die Seitenaltäre von Egid Quirin Asam. Ungewöhnlich reiche Stuckornamentik im Altarraum von Appiani (1723), im Langhaus von E. Q. Asam (1731).

Rothschwaig und Schöngeising

Wanderbahnhof: Fürstenfeldbruck
Anfahrt: S 4
(Richtung Geltendorf)

Markierung:
grünes Dreieck
7 km, Wanderung

Eine schöne Waldwanderung, meist durch hohen Mischwald und auf festen Schotterwegen, Teilstücke über freie Flur.

Vom Bahnhof wenden wir uns links, gehen auf der Bahnhofstraße weiter, unterqueren dann nach links die S-Bahn-Gleise, biegen nach rechts ein und wandern parallel zu den Gleisen am Waldrand entlang. Bei der nächsten Unterführung gehen wir wieder rechts, durchqueren die Klosteranlage und biegen an deren Ende links in die Fürstenfelder Straße ein. Wir überqueren die Schöngeisinger Straße (Durchgangsstraße) und kommen auf die Rothschwaiger Straße. Auf dieser verlassen wir den Ort und kommen bald in schönen Hochwald. Auf festen Forstwegen erreichen wir – immer in westlicher Richtung – das Gut Rothschwaig. Hier wenden wir uns mehr nach Süden, durchqueren die weite Wiesenlichtung von Rothschwaig und gehen erneut etwa einen Kilometer durch hohen Mischwald. Am Kreuz-Geräumt zweigen wir nach rechts ab und bleiben nun auf schnurgeradem Waldweg in südwestlicher Richtung. Nach etwa eineinhalb Kilometer ist dann die Alte Römerstraße erreicht, die uns nach etwa 500 Meter in südlicher Richtung zum S-Bahnhof führt.

Rückfahrt: S 4 ab Schöngeising
Sehenswert: Ehem. Klosterkirche Mariä Himmelfahrt des Klosters Fürstenfeld in Fürstenfeldbruck (s. S. 42/43).
Pfarrkirche St. Magdalena in Fürstenfeldbruck: Barocke Wandpfeilerkirche (1673–79) mit schmalem Altarraum. Stukkaturen von Sießmayr (1764), Deckengemälde im Schiff von Ignaz Baldauff. Einige besonders beachtenswerte Bildwerke, darunter eine spätgotische Immaculata.

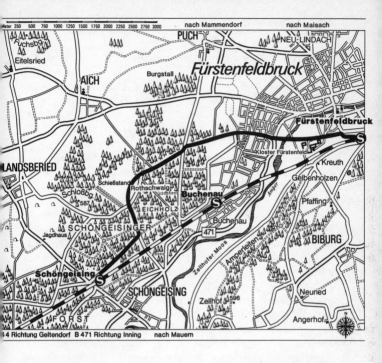

Kirche St. Leonhard in Fürstenfeldbruck: 1440 geweiht, im
18. Jahrhundert barockisiert. Gotischer Bau mit ungewöhnlicher Raumform, bemerkenswerte Kreuzrippengewölbe mit
schöner Ausmalung (1928 bei Restaurierung freigelegt).
Pfarrkirche St. Johannis in Schöngeising (s. S. 50).

45

Rundweg: Kaiser-Ludwig-Monument

Wanderbahnhof: Fürstenfeldbruck   Markierung: grüner Ring
Anfahrt: S 4   12 km, Wanderung
(Richtung Geltendorf)

Abwechslungsreicher Wanderweg durch meist offene Flur, etwa ein Drittel durch schöne Waldabschnitte und am Waldrand entlang, keine nennenswerten Steigungen.

Am Bahnhofsvorplatz halten wir uns links und gehen auf der Bahnhofstraße in den Ort. Am Ortseingang wenden wir uns erneut nach links, gehen durch die Parkanlage und über die Amperbrücke bis zur Schöngeisinger Straße, der wir ein Stück nach rechts folgen. Dann biegen wir links in die Viehmarktstraße ein und wenig später wieder links in die Ludwigstraße. An deren Ende zweigt unser Weg rechts in die Puchermühlstraße ab, folgt dann in gleicher Richtung der bei der Landwirtschaftsschule beginnenden Theodor-Heuss-Straße, die uns aus dem Ort heraus und durch weites Ackerland in nordwestlicher Richtung zur Augsburger Straße führt. Wir überqueren diese Fahrstraße und biegen nach ein paar Schritten in nördlicher Richtung nach links zum Kaiser-Ludwig-Monument ein, das von R. A. Boos 1796/97 zur Erinnerung an den Herztod von Ludwig dem Bayern im Jahre 1347 errichtet wurde. Von dort kommen wir auf der Denkmalstraße in den Ort Puch und wandern hinauf zur Kirche St. Sebastian. Dort schwenken wir nach links in südliche Richtung und wandern auf der Kaiser-Ludwig-Straße weiter. Nach Überqueren der Landsberger Straße geht es auf festem Kiesweg durch ein schönes Waldstück, bis wir im Ort Buchenau auf die S-Bahn-Gleise stoßen. Noch vor der Unterführung biegen wir nach links ein. Wir bleiben dann neben den Gleisen auf der Industriestraße, ferner auf der Buchenauer Straße weiter bis zur Schöngeisinger Straße. Wir überqueren diese Durchgangsstraße und gehen nach links, an der Amper entlang nach Norden bis zur Fürstenfelder Straße. Hier biegen wir rechts ein, wandern bis

zum Kloster und um das Marienmünster herum zum Fußweg entlang den S-Bahn-Gleisen, die wir bald darauf unterqueren, um auf der anderen Seite am Waldrand bis zur nächsten Unterführung weiterzuwandern. Nun sind es nur mehr wenige Schritte bis zum S-Bahnhof Fürstenfeldbruck zurück.

Rückfahrt: S 4 ab Fürstenfeldbruck
Sehenswert: Wallfahrtskirche St. Edigna und Sebastian in Puch: Flachgedeckter Saalbau aus dem 15. Jahrhundert, 1714–40 umgebaut (neues Langhaus). Im Altarraum Statuetten der Heiligen Edigna und Sebastian aus dem 18. Jahrhundert. Westlich vor der Kirche die tausendjährige Linde, in der einst die heilige Edigna gewohnt haben soll (gest. 1109).

Jesenwang und Landsberied

Wanderbahnhof: Schöngeising   Markierung: grünes Quadrat
Anfahrt: S 4   11 km, Wanderung
(Richtung Geltendorf)

Durch leicht hügeliges Gelände, zunächst lange Waldpartien im Staatsforst Wildenroth, später durch freie Felder und Wiesen, schließlich wieder eine Waldpassage.

Am Bahnhof halten wir uns westlich (in Fahrtrichtung aus München), überqueren die Alte Römerstraße und gehen weiter geradeaus auf dem Kiesweg zwischen den Gleisen und dem Wald. Nach etwa zwei Kilometer schwenken wir nach rechts in den Hochwald, in dem wir nun vorbei am Waldhaus auf breiter Forststraße in nördlicher Richtung weiterwandern. Nach etwa eineinhalb Kilometer verlassen wir den Wald und sehen in weitem Ackerland Jesenwang vor uns. Kurz vor dem Ort biegen wir nach rechts auf einen Feldweg ein, der uns in einiger Entfernung vom Wald durch Felder, fast gerade verlaufend, nach Landsberied führt. Durch den Ort gehen wir auf der Babenrieder Straße und der Schloßstraße, dann biegen wir auf einen Wiesenweg ein, der bald in den Wald hineinführt. Hinter dem neuen Wasserturm und dem steilen Schluchtweg bergab nehmen wir nach etwa einem Kilometer an der Weggabelung den Forstweg nach rechts, der rund einen Kilometer weiter die Teerstraße (Alte Römerstraße) erreicht. Hier schwenken wir nach links und erreichen nach etwa 500 Meter den S-Bahnhof Schöngeising.
Rückfahrt: S 4 ab Schöngeising
Sehenswert: Wallfahrtskirche St. Willibald bei Jesenwang (etwas abseits vom Wanderweg): Mit dem Bau der kleinen Wallfahrtskirche (heute bekannt für die alljährliche Pferdesegnung) wurde 1413 begonnen, 1478 Erweiterung. Bemerkenswert der Hochaltar aus dem Jahr 1617 mit der Sitzfigur des hl. Willibald in der mittleren Nische (um 1500) und die ornamental bemalte Holzdecke im Langhaus.

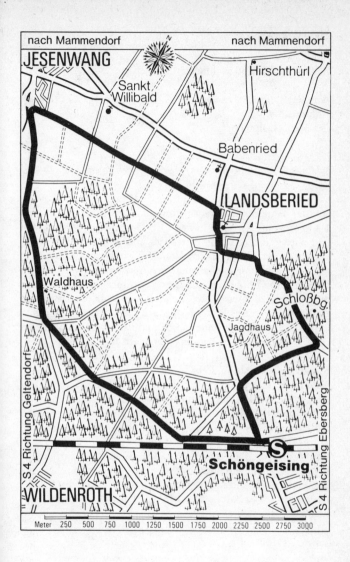

Zellhof und Fürstenfeldbruck

Wanderbahnhof: Schöngeising   Markierung: grünes Dreieck
Anfahrt: S 4   7 km, Wanderung
(Richtung Geltendorf)

*Schöner Weg durch das Ampertal, vielfach schattig am Wald-
rand, nur geringe Steigungen.*

Auf der Bahnhofstraße gehen wir in südlicher Richtung die zwei
Kilometer lange Strecke in den Ort. Dort biegen wir links ein
und wieder rechts auf die Kirche zu und über die Ampersteg
hinunter zum Wasenmeister. Von dort wenden wir uns nun in
nördliche Richtung immer nahe der Amper durch freies Feld und
Wiesen zum Gut Zellhof und weiter ein Stück am Wald entlang
durch das Zellhofer Moos. Beim Gut Kreuth oberhalb von
Gelbenholzen erreichen wir die S-Bahn-Linie, der wir nun
folgen, sie schließlich unterqueren und nach wenigen Schritten
auf der Nordseite den Bahnhof Fürstenfeldbruck erreichen.

Rückfahrt: S 4 ab Fürstenfeldbruck
Sehenswert: Pfarrkirche St. Johannis in Schöngeising – 1699
erbaut. Innen eine schöne Muttergottesfigur von Melchior Seidl
(1691) und der Grabstein Orlando di Lassos; der bayerische
Hofkapellmeister besaß hier ein Landhaus, das ihm Herzog
Wilhelm V. geschenkt hatte; er starb 1594.
Im Ort mehrere Bauernhäuser aus dem 16. und 17. Jahrhundert
sowie zwei Straßensäulen (»heilige Säulen«), vermutlich rö-
misch, aber mit mittelalterlichem Aufsatz und Satteldach.
Ehemalige Klosterkirche Mariä Himmelfahrt des Klosters Fürstenfeld in Fürstenfeldbruck (s. S. 42).

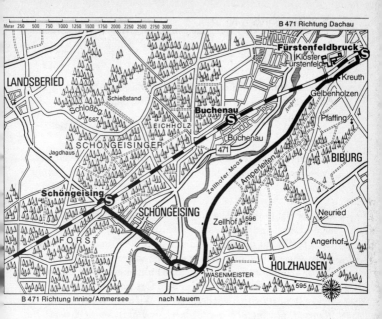

Rundweg: Kloster Fürstenfeld

Wanderbahnhof: Schöngeising Markierung: grüner Ring
Anfahrt: S 4 15 km, Tour
(Richtung Geltendorf)

Lohnende, aber anstrengende Wanderung mit einigen leichteren Steigungen; längere Streckenabschnitte führen durch schönen Wald.

Auf der Bahnhofstraße gehen wir in südlicher Richtung die zwei Kilometer lange Strecke in den Ort. Dort biegen wir links ein, dann rechts auf die Kirche zu und über die Amperstege hinüber zum Wasenmeister. Von dort geht es nach rechts hinauf in den Wald, auf der Höhe wieder nach links und weiter durch den Wald nach Holzhausen. Hinter dem Ort wandern wir auf einem Feldweg nordöstlich wieder auf den Wald zu, vorbei am Weiler Neuried und bleiben nun immer am Wald, der wechselnd von beiden Seiten an unseren Weg grenzt. Oberhalb von Gelbenholzen erreichen wir die Fahrstraße, die unter der Bahn hindurch zum Kloster Fürstenfeld führt (wer mag, zweigt hier vor den Bahngleisen nach rechts ab zum S-Bahnhof Fürstenfeldbruck). Der Weg führt nun vor den Gleisen nach links in die Amperleiten, immer am Waldrand oberhalb der Amperauen in südwestlicher Richtung. Bei einem Amperbogen, der nahe an die Straße heranführt, verlassen wir den Waldrand und gehen auf einem Kiesweg durch offene Flur zum Zellhof und weiter zum Wasenmeister, wo wir auf die Route des Herwegs stoßen und auf ihr zum Bahnhof zurückgehen.

Rückfahrt: S 4 ab Schöngeising
Sehenswert: Ehem. Zisterzienserkloster Fürstenfeld: es wurde 1258 von Herzog Ludwig dem Strengen in Olching gegründet als Sühne für die unschuldig hingerichtete Gemahlin Maria von Brabant. Der Herzog holte Mönche aus dem Zisterzienserkloster Aldersbach (Niederbayern), 1263 übernahm das neue Klo-

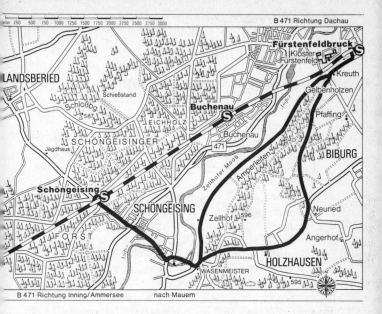

ster den Namen Fürstenfeld (nach »in campo principum«). Neben dem Stifter wurde auch Kaiser Ludwig der Bayer (um 1283–1347) hier beigesetzt. 1632 wurde das Kloster von den Schweden heimgesucht; ab 1691 begann unter Abt Balduin Helm die Neugestaltung unter Leitung des G. A. Viscardi. Wesentliches von den reichen Stukkaturen von Nic. Perti und Fr. Appiani sowie an Gemälden von Hans Gg. Asam sind geblieben. 1803 wurde das Kloster aufgehoben, die ehemalige Klosterkirche Mariä Himmelfahrt (s. S. 42) betreuen seit 1923 Ettaler Benediktiner.

Jexhof – Mauern – Grafrath

Wanderbahnhof: Schöngeising   Markierung: grüner Punkt
Anfahrt: S 4   12 km, Tour
(Richtung Geltendorf)

Sehr abwechslungsreiche Wanderung, gleichermaßen durch schöne Wald- und Flurlandschaft mit einer Reihe von Steigungen.

Auf der Bahnhofstraße gehen wir in südlicher Richtung die zwei Kilometer lange Strecke in den Ort. Dort biegen wir links ein und wieder rechts auf die Kirche zu und über die Ampersteige hinüber zum Wasenmeister. Dann wandern wir rechts hinauf in den Wald und immer in südlicher Richtung etwa zweieinhalb Kilometer bis zum Gut Jexhof. Von dort gehen wir mehr in westlicher Richtung erneut durch Wald, dann durch eine weite Lichtung mit Feldern nach Mauern. Wir durchqueren den Ort und folgen der etwa zwei Kilometer langen Unteraltinger Straße zum Grafrather Ortsteil Unteralting, wandern jetzt durch den Ort über Kirchenstraße und Adelmuntstraße und kommen hinter dem Ampersteg links auf den St.-Ulrichs-Weg. An seinem Ende überqueren wir die Durchgangsstraße. Auf der Graf-Rasso-Straße und dem Bahnhofweg erreichen wir den Wanderbahnhof.

Rückfahrt: S 4 ab Grafrath
Sehenswert: Wallfahrtskirche St. Rasso in Grafrath: 1686–94 nach Plänen von Michael Thumb erbaut. Die reiche Barockinnenausstattung stammt aus den Jahren 1752/53. Die Deckenfresken, die das Leben und Wirken des heiligen Rasso darstellen (954 gestorben), schuf Johann Georg Bergmüller (1752), der Hochaltar mit dem kostbarem Reliquienschrein St. Rassos ist ein Werk von Johann Baptist Straub (1765–68). Vorzügliche Stuckdekorationen in Ockerfarbtönen von J. G. Übelherr und den Brüdern Feichtmayr. Bemerkenswert ein Vesperbild aus der abgebrochenen Gruftkirche in München (um 1510), das Orgelgehäu-

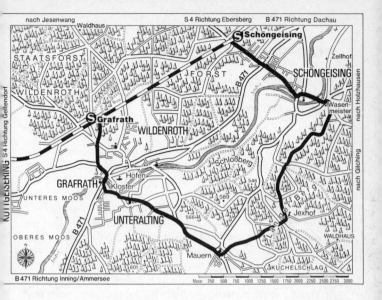

se von 1749 mit reichem Blattornament um ein Fresko der heiligen Cäcilie sowie der Grabstein St. Rassos in der Mitte der Kirche aus rotem Marmor mit einem überlebensgroßen Flachrelief des Heiligen von 1468.

Steinebach und Wörthsee

Wanderbahnhof: Grafrath   Markierung: grüner Punkt
Anfahrt: S 4   9 km, Wanderung
(Richtung Geltendorf)

Sehr abwechslungsreiche Wanderung mit einer schönen, langen Waldpassage und lohnenden Aussichtspunkten. Die Gegend ist sehr hügelig.

Am Bahnhof geht es in südlicher Richtung auf dem Bahnhofweg zur Graf-Rasso-Straße und auf ihr hinunter bis zur Durchgangsstraße, die wir überqueren. Dann biegen wir gleich rechts auf den Fußweg (St.-Ulrichs-Weg) entlang der Amper flußaufwärts ein. Wir überqueren die Amper auf dem neuen Steg, folgen noch ein kurzes Stück der Adelmuntstraße nach Norden, biegen dann links in die Kirchenstraße ein. Nach der Kirche gehen wir rechts in die Krugstraße und verlassen den Ort im Ortsteil Unteralting in Richtung Süden. Hier wandern wir zunächst durch offene Flur; dann gabelt sich der Weg am Rand des Waldes. Wir nehmen den Abzweig nach links und gehen jetzt am Waldrand bergauf, bis wir nach etwa 500 Meter halbrechts in den Wald einbiegen (Krug-Holz). Wir durchwandern auf festen Forstwegen den Mauerner Wald, einen schönen Mischwald, in südlicher Richtung. Nach knapp drei Kilometer erreichen wir wieder freies Feld, überqueren wenig später die Bundesstraße 12 und wandern weiter durch Felder nach Walchstadt. Im Ort folgen wir zunächst der Hauptstraße, biegen dann links in die Wörthseestraße ein, die sich als Seestraße im Ortsbereich Steinebach fortsetzt, wenden uns dann nach rechts in die Hauptstraße und folgen ihr bis zum Abzweig des Fußweges zum S-Bahnhof Steinebach.

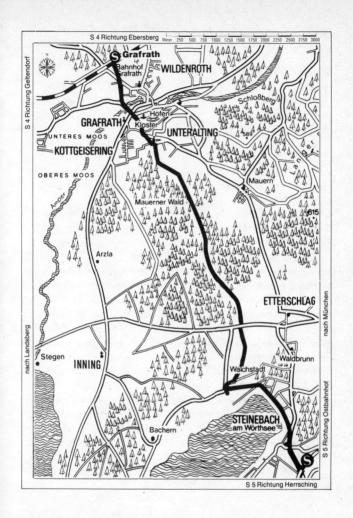

Rückfahrt: S 5 ab Steinebach

Sehenswert: Kirche St. Martin in Steinebach: Im Innern an einem der beiden Seitenaltäre ein Predella-Relief mit der Marter des hl. Bartholomäus sowie an der Nordwand eine Skulptur Maria mit Kind um 1400.

Mauern und Schöngeising

Wanderbahnhof: Grafrath	Markierung: grünes Dreieck
Anfahrt: S 4	12 km, Tour
(Richtung Geltendorf)	

Zunächst überwiegend freies Feld, sanfte Steigungen, später durch schöne Waldstücke mit einigen steileren Passagen.

Am Bahnhof unterqueren wir die Gleise und nehmen den Bahnhofweg durch den kleinen Wald in südlicher Richtung. Auf der Graf-Rasso-Straße erreichen wir die Amper, überqueren die Fahrstraße und biegen rechts auf den St.-Ulrichs-Weg entlang der Amper ein. Später überqueren wir die Amper auf dem neuen Steg und gehen ein Stück auf der Adelmuntstraße weiter, dann nach links durch die Kirchenstraße zum Ortsteil Unteralting. Entlang der wenig befahrenen Fahrstraße wandern wir durch freies Feld zum Weiler Mauern in westlicher Richtung. Im Ort halten wir uns links bergauf und verlassen den Weiler auf einem Feldweg in westlicher Richtung. Die Wanderung führt nun mit leichten Steigungen und Gefällestrecken durch Wald zum Gut Jexhof. Hier wenden wir uns nach links und haben jetzt bis zum Wasenmeister vor Schöngeising besonders schöne, zum Teil auch steile Waldabschnitte vor uns. Vom Wasenmeister folgen wir der Fahrstraße von Holzhausen nach links, biegen aber wenig später nach rechts in die Amperauen ein und gehen über die Amperstege auf die Schöngeisinger Kirche zu. Von der Ortsmitte geht es dann auf der schnurgeraden Bahnhofstraße zum zwei Kilometer entfernten S-Bahnhof.

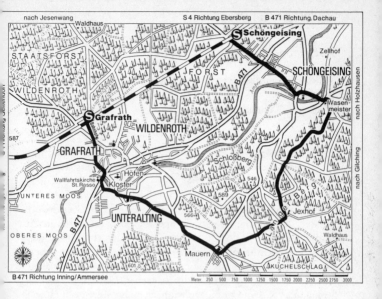

Rückfahrt: S 4 ab Schöngeising

Sehenswert: Wallfahrtskirche St. Rasso in Grafrath (s. S. 55), seit dem 14. Jahrhundert als Wallfahrt zum Grab des hl. Rasso, Grafen von Dießen und Andechs, bezeugt.

Kapelle St. Georg in Mauern: Um 1500 ursprüngl. erbaut, im Innern eine hölzerne Flachdecke mit profilierten Deckleisten, ein Spätrenaissance-Altar, an der Nordwand eine Holzstatue der hl. Helena, um 1480.

Staatsforst Wildenroth und Jesenwang

Wanderbahnhof: Grafrath   Markierung: grünes Quadrat
Anfahrt: S 4   14 km, Tour
(Richtung Geltendorf)

Eine sehr schöne Waldwanderung, die allerdings Ausdauer und etwas Kondition voraussetzt. Kürzere Wegstrecken über freies Feld, nur geringe Steigungen.

Am Bahnhof bleiben wir auf der Nordseite, gehen ein Stück nach Westen auf der Bahnhofstraße und biegen dann rechts in die Waldstraße und in den Staatsforst Wildenroth ein. Unser Weg führt in nordöstlicher Richtung auf Waldwegen bis zum breiteren Kies-Forstweg, in den wir links einbiegen und nun mehr in nördlicher Richtung am Waldhaus vorbei nach Jesenwang gehen. Kurz vor dem Ort biegen wir nach rechts auf einen Feldweg ein, der uns in einiger Entfernung vom Wald durch Felder, fast gerade verlaufend, nach Landsberied führt. Durch den Ort gehen wir auf der Babenrieder Straße und der Schloßstraße und biegen dann auf einen Wiesenweg ein, der bald in den Wald hineinführt. Nach etwa einem Kilometer kommen wir an eine Weggabelung. Hier nehmen wir den Forstweg nach rechts, der nach etwa einem Kilometer die Teerstraße (Alte Römerstraße) erreicht. Wir gehen geradeaus weiter bis hinunter zum Brandenberger Mühlweg nahe beim S-Bahnhof Schöngeising. Hier schwenken wir nach rechts und haben nun eine lange Waldwanderung vor uns, die am Reihermoosweiher vorbei und weiter südwestlich zum Wanderbahnhof Grafrath zurückführt.

Rückfahrt: S 4 ab Grafrath

Sehenswert: Wallfahrtskirche St. Willibald bei Jesenwang (s. S. 48). Pfarrkirche St. Michael in Jesenwang: Von der mittelalterl., barock überarbeiteten Kirche ist nur mehr der Altarraum erhalten mit farbigem Stuck aus dem Anfang des 17. Jahrhunderts. Bemerkenswert das Gemälde auf dem Hochaltar, die Kanzel und Seitenaltäre (Mitte bzw. Ende 18. Jh.).

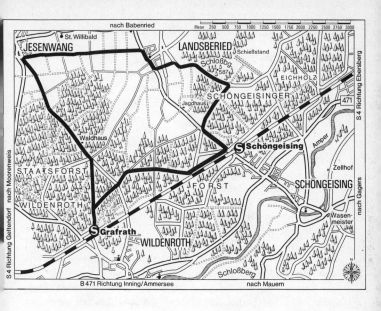

Von Grafrath zum Ammersee

Wanderbahnhof: Grafrath   Markierung: grüner Ring
Anfahrt: S 4   18 km, Wanderung
(Richtung Geltendorf)

Sehr abwechslungsreiche Wanderung durch freies Feld und schönen Hochwald. Es gibt zahlreiche Aussichtsmöglichkeiten, besonders hinter Inning auf den Ammersee. Einige leichte Steigungen sind zu überwinden.

Vom Bahnhof gehen wir in südlicher Richtung auf dem Bahnhofweg zur Graf-Rasso-Straße und auf ihr hinunter zur Durchgangsstraße. Diese überqueren wir und biegen gleich rechts auf den Fußweg (St.-Ulrichs-Weg) entlang der Amper flußaufwärts ein. Wir überqueren die Amper auf dem neuen Steg, folgen noch ein kurzes Stück der Adelmuntstraße nach Norden, biegen dann links in die Kirchenstraße ein. Nach der Kirche gehen wir rechts in die Krugstraße und verlassen den Ort im Ortsteil Unteralting in Richtung Süden. Bei der Gabelung nehmen wir den Weg nach rechts am Waldrand entlang, der sich dann später durch eine Talsenke mit Wiesen und Feldern windet. Bald treten wir wieder in Wald ein, der sich wechselnd links oder rechts zu weiten Lichtungen mit Äckern und Wiesen öffnet und immer südlich am Rande des Wildmooses bleibt. Ein Stück oberhalb der Bundesstraße 12 erreichen wir freie Flur. Auf festem Feldweg unterqueren wir die Bundesstraße und kommen zum nördlichen Ortseingang von Inning. Auf der Münchner Straße gehen wir nun in den Ort, biegen dann links in die Herrschinger Straße und gleich wieder rechts in die Landsberger Straße ein, der wir etwa 500 Meter folgen. Dann zweigt nach links unser Weg ab in Richtung auf eine Wiese, um sich gleich rechts am Waldrand allmählich abfallend fortzusetzen. Unter uns liegt nun der Ammersee und Stegen. Wir folgen dem Fußweg hinunter zum Ufer.

Rückfahrt: Den Rückweg treten wir auf der gleichen Route an (S 4 ab Geltendorf).

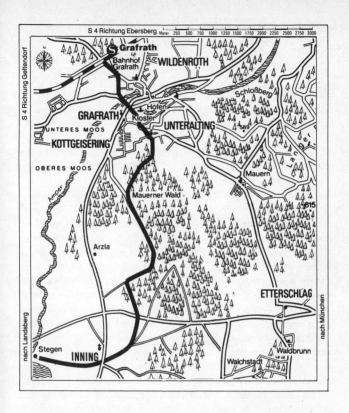

Sehenswert: Pfarrkirche St. Johann Baptist in Inning: 1765–67 vom Baumeister L. M. Giessl errichtet. Hauptraum und Altarraum gleichermaßen fast quadratisch angelegt. Vorzügliche, einheitliche Rokokoausstattung. Stukkaturen von Thassilo Zöpf, Deckengemälde von Chr. Wink (im Altarraum Taufe Christi, im Langhaus Predigt Johannes des Täufers, beide von 1767), Altäre um 1760.

Eresing und St. Ottilien

Wanderbahnhof: Geltendorf   Markierung: grünes Dreieck
Anfahrt: S 4 (Geltendorf)   8 km, Wanderung

Ein abwechslungsreicher Wanderweg, fast noch ein ausgedehnter Spaziergang, durch sanft gewelltes hügeliges Ackerland und kurze, schöne Waldabschnitte.

Vom Bahnhof gehen wir ein Stück in westlicher Richtung, unterqueren nach links die Bahngleise und biegen dann rechts auf einen Waldweg ein, der zunächst am Waldrand, später durch Felder, parallel zur Fahrstraße nach Süden führt. Immer durch offene Flur wandern wir weiter, lassen den Ort Eresing links liegen und gehen auf dem Faretshauser Weg in südwestlicher Richtung. Wenig später schwenken wir nach Osten, überqueren die Fahrstraße und kommen nach einer Waldpassage südlich von Eresing zum St.-Ulrich-Brunnen. Von hier wenden wir uns nach Norden, wandern auf der Windacher Straße nach Eresing hinein. Weiter geht es rechts in die Kaspar-Ett-Straße, an der Pfarrkirche vorbei, dann rechts und gleich wieder links in die Emminger Straße. Auf ihr wandern wir nun teils durch Felder, teils durch Wald zum Kloster St. Ottilien und durchqueren die Anlage. Am Nordtor halten wir uns links. Hinter dem Parkplatz biegen wir rechts in den Feldweg ein, der uns nun nordwestwärts bis zur Geltendorfer Bahnunterführung führt. Wenige Schritte nach rechts auf der Bahnhofstraße kommen wir zur S-Bahn.

Rückfahrt: S 4 ab Geltendorf
Sehenswert: Pfarrkirche St. Ulrich in Eresing: Von Dominikus Zimmermann 1756/57 umgebaute spätgotische Kirche; spätgotisch erhalten ist der Altarraum und ein Teil des Turmunterbaus (1488). Zur Innenausstattung gehören reiche Stukkaturen von Nikolaus Schütz und bemerkenswerte Deckengemälde, besonders die Darstellung der Schlacht auf dem Lechfeld gegen die Ungarn im Langhaus (1757 von Franz Martin Kuen).

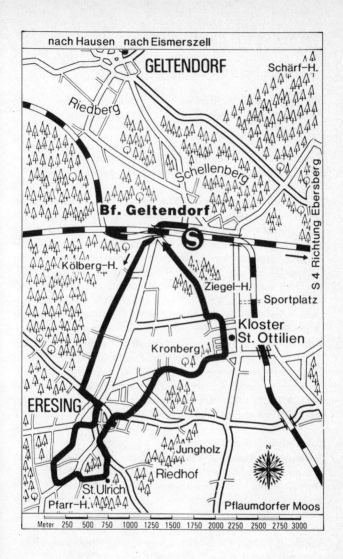

St. Ottilien und Türkenfeld

Wanderbahnhof: Geltendorf   Markierung: grüner Punkt
Anfahrt: S 4 (Geltendorf)   7 km, Wanderung

*Ein angenehmer Wanderweg mit einem schönen längeren Wald-
abschnitt und einigen lohnenden Aussichtspunkten.*

Vom Bahnhof wenden wir uns nach rechts in östlicher Richtung,
gehen bis zur Bahnunterführung und biegen dort rechts in die
Allee hinauf nach St. Ottilien ein. Vor dem Kloster halten wir
uns links, wenden uns dann wieder nach rechts, umgehen die
Klosteranlage und biegen dann erneut nach links ein, über die
Bahngleise hinweg. Weiter geht es wieder nach rechts. Wir
wandern nun durch die weite Hügellandschaft, teils durch
Felder, teils durch Wald auf einem Teerstraßerl nach Pflaum-
dorf. Kurz vor dem Ort biegen wir links ab und gehen jetzt
durch Wiesen und Weiden auf der Beuerner Straße nach Osten.
Bald ist der Wald erreicht. Wir wenden uns nach links in den
Wald hinein, jetzt in nordöstlicher Richtung. Etwa eineinhalb
Kilometer wandern wir durch Mischwald, den wir erst kurz vor
Türkenfeld wieder verlassen. Hier ist noch ein kurzes Stück auf
der Fahrstraße nach Türkenfeld und auf Ortsstraßen zurückzu-
legen, bis wir den S-Bahnhof erreichen.

Rückfahrt: S 4 ab Türkenfeld
Sehenswert: Missionsmuseum der Benediktinerabtei St. Ottilien mit einer bemerkenswerten völkerkundlichen Sammlung.
Pfarrkirche St. Marien in Türkenfeld: Die 1489 erbaute und 1754
umgestaltete Saalbaukirche enthält schöne zierliche Rokoko-
stukkatur, besonders reich am Chorbogen, und schöne Deckenfresken (im Altarraum von C. Thomas Scheffler, 1754; im
Langhaus von Johann Baader, 1766). Im Mittelpunkt des Hoch-
altars aus Stuckmarmor steht eine lebensgroße Marienfigur, eine
Nachbildung der Muttergottes auf der Mariensäule in München.

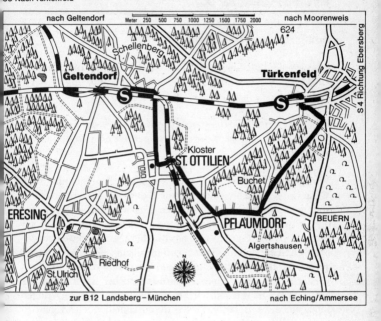

Eismerszell und Hohenzell

Wanderbahnhof: Geltendorf   Markierung: grünes Quadrat
Anfahrt: S 4 (Geltendorf)   15 km, Tour

Gut zwei Drittel durch offene Hügellandschaft mit Feldern und Wiesen, das letzte Stück durch Forst, geringe Steigungen, schöne Aussichtsplätze.

Vom Bahnhof gehen wir ein Stück weiter in Fahrtrichtung nach Westen, biegen dann rechts in die Bahnhofstraße ein, zweigen aber wenig später nach links in den Waldweg ab (Heuweg). Auf diesem geht es bis zur Einmündung in die Riedgasse, auf der wir nach rechts weitergehen und am Riedberg vorbei in den nördlichen Ortsbereich von Geltendorf kommen. Hier geht es weiter auf der Molkereistraße. Über die Dorfstraße wandern wir dann wieder in freie Flur hinaus in nordwestlicher Richtung. Kurz hinter dem Ort müssen wir um die Fahrstraße einen U-Bogen schlagen, die unseren Feldweg durchschneidet. Dann geht es weiter geradeaus durch Felder und Wiesen, schließlich in weitem Kreis um den Geisberg herum, bis wir nach Hausen kommen. Wir wandern durch den Ort in nördlicher Richtung auf der Straße nach Dünzelbach, vorbei am Abzweig der Straße nach Eismerszell (wer mag, kann auch auf dieser weiterwandern) und nehmen dann weiter oberhalb den rechts abzweigenden Feldweg nach Westen. Fast parallel zur Fahrstraße kommen wir nun nach Eismerszell.
Im Ort halten wir uns rechts und wandern auf der Asphaltstraße in südlicher Richtung. An der Kreuzung gehen wir geradeaus auf dem Feldweg weiter. Dieser windet sich bald nach rechts und führt in den Wald. Hier ist eine leichte Steigung zu überwinden, dann geht es weiter nach Süden noch eine kurze Strecke durch Wald, schließlich über die weite Lichtung, in deren Mitte Hohenzell liegt. Wir gehen durch den Weiler und wieder auf den Wald zu, wenden uns an seinem Rand nach rechts, bleiben ein Stück am Waldrand, um dann in südwestlicher Richtung den

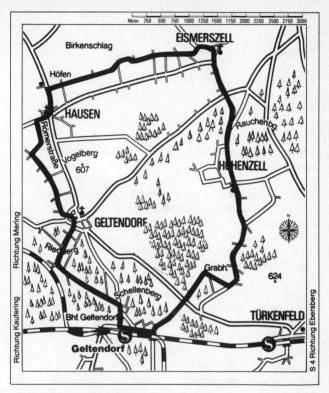

Forstweg zum Bahnhof Geltendorf zu nehmen, den wir nach
etwa zwei Kilometer erreichen.

Rückfahrt: S 4 ab Geltendorf
Sehenswert: Pfarrkirche St. Stephan in Geltendorf: Ein ehemals
gotischer Bau, um die Mitte des 18. Jahrhunderts umgestaltet.
Innen finden sich gute Wessobrunner Stukkaturen in Türkis-
und Goldfarben. Das Deckengemälde stammt von G. Dieffen-
brunner (1754), der Hochaltar entstand 1680.
St. Georg in Eismerszell: In der Kirche aus der ersten Hälfte des
18. Jahrhunderts finden sich gute Stuckdekorationen in Wessobrunner Manier. Auf den modernen Altären Gemälde von
J. Wolcker von 1741.

Freiham und Gräfelfing

Wanderbahnhof: Harthaus	Markierung: grünes Dreieck
Anfahrt: S 5	4 km, Spaziergang
(Richtung Herrsching)	

Schöner Spaziergang durch Felder, eine Kastanienallee und schattigen Hochwald.

Vom Bahnhof gehen wir links durch die Hubertusstraße und biegen an deren Ende links in die Hartstraße ein, die wenig später durch freies Feld schnurgerade zum Gut Freiham führt. Dort nehmen wir rechts abbiegend die Freihamer Allee und überqueren an deren Ende etwas weiter links die Autobahn (B 12 neu). Hinter der Brücke über die neue B 12 geht es links weiter, ein Stück neben der Autobahn entlang, dann in den Wald hinein, den wir in Gräfelfing bei der Einmündung der Freihamer Straße verlassen. Kurz darauf biegen wir links in den Wallfahrerweg ein und kommen dann nach rechts auf der Mathildenstraße und der Jahnstraße zum S-Bahnhof Gräfelfing.

Rückfahrt: S 6 ab Gräfelfing
Sehenswert: Kirche Hl. Kreuz in Freiham: Einschiffige gotische Anlage, im Innern barock verändert mit Felderstuck, Altäre aus der 2. Hälfte des 18. Jahrhunderts, Rokokokanzel, zwölf barocke Apostel an den Wänden.
Pfarrkirche St. Stephan in Gräfelfing (Abstecher vom Wanderweg): Um 1500 erbaut, im 17. Jahrhundert umgestaltet. Im Innenraum spätgotischer Taufstein, barocke Altäre, Westempore mit spätgotischen Flachornamenten an der Brüstung. Im Chorpolygon schöne Rotmarmorepitaphien des 15. und 16. Jahrhunderts, ein spätgotischer Taufstein in Kelchform, an der hölzernen Emporenbrüstung gotische (und spätere) Flachornamentik.

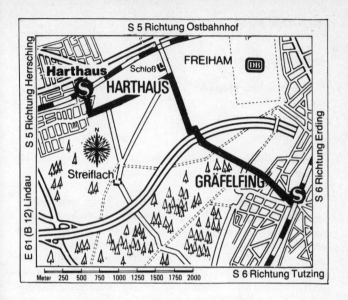

Aubinger Lohe und Lochhausen

Wanderbahnhof: Harthaus
Anfahrt: S 5
(Richtung Herrsching)

Markierung: grünes Quadrat
9 km, Wanderung

Sehr reizvolle Wanderung über Lehrpfade durch Mooslandschaft und Wald, bei schönem Wetter Blick auf die Alpenkette.

Am Bahnhof gehen wir nach links durch die Hubertusstraße und biegen an deren Ende links in die Hartstraße ein, die wenig später durch freies Feld zum Gut Freiham führt. Dort biegen wir links ab, gehen über die S-Bahn-Gleise und die Bodenseestraße weiter in nördlicher Richtung auf dem Germeringer Waldlehrpfad durch freies Feld zum Gut Moosschwaige. Wir durchqueren den Wirtschaftshof und bleiben durch die Allee weiter nach Norden auf dem Lehrpfad. Bei den romantisch in Niederwald gelegenen Fischteichen erreichen wir die Mooslandschaft der Aubinger Lohe, folgen nun dem Lauf des kleinen Baches, zweigen dann nach rechts ab und kommen zur S-Bahn-Strecke (S 4). Dort halten wir uns rechts ein Stück entlang den Gleisen, die wir schließlich überqueren (hier Beginn des Waldlehrpfades im Naturschutzgebiet Aubinger Lohe). Dann schwenken wir nach links in den Lohwaldweg, der uns nun durch schönen Hochwald zuerst bergauf und später steiler bergab zum Ortseingang von Lochhausen führt. Von dort kommen wir über die Bienenheimstraße, Federseestraße (rechts einbiegen) und erneut rechts Henschelstraße zum S-Bahnhof Lochhausen.

Rückfahrt: S 3 ab Lochhausen
Sehenswert: Kirche Hl. Kreuz in Freiham (s. S. 70).

Maria Eich – Planegg

Wanderbahnhof: Harthaus   Markierung: grüner Ring
Anfahrt: S 5 (Richtung Herrsching) 5 km, Wanderung

Leichter, ausgedehnter Spaziergang, teils durch ebene, weite Felder, teils durch schöne Waldpartien.

Am Bahnhof gehen wir nach links über die Hubertusstraße bis zur Hartstraße. Dort wenden wir uns erneut nach links in östlicher Richtung. Die Hartstraße mündet schon bald in einen Feldweg ein, der uns schnurgerade in Richtung Freiham führt. Wir biegen jedoch schon bald nach rechts auf einen Pfad zwischen den Feldern ab. Der Weg führt dann am Rande eines Wäldchens entlang zu einer Wegkapelle. Hier halten wir uns rechts und sind nach kurzer Wanderung im Freihamer Vorwerk Streiflach. Wir durchqueren den Wirtschaftshof, bleiben auf dem Feldweg und unterqueren wenig später die Autobahn (B 12 neu). Kurz darauf betreten wir den Nadelhochwald des Planegger Holzes. Auf einem Forstweg, der später in den Wallfahrerweg einmündet, kommen wir nach Maria Eich. Bei der Kirche biegen wir links in den breiten Parkalleeweg ein, der uns direkt zum S-Bahnhof führt.

Rückfahrt: S 6 ab Planegg
Sehenswert: Wallfahrtskapelle Maria Eich in Planegg: Ursprünglich ein in einer alten Eiche hinterstelltes, wundertätiges Marien-Gnadenbild, bei dem während einer Jagd anno 1775 ein Hirsch Zuflucht fand. Alte Kapelle 1768 geweiht. Bemerkenswert die Schnitzarbeit am Hochaltar von J. G. Greiff, 1746, und die Gruppe der Marienkrönung von J. B. Straub.

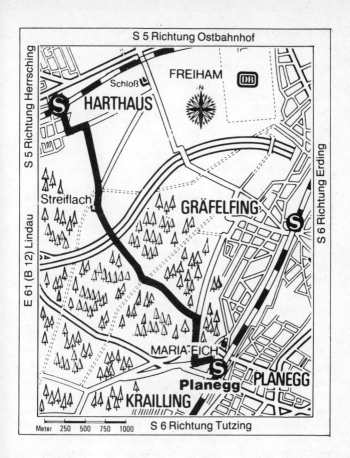

Rundweg: Weßlinger See

Wanderbahnhof: Weßling   Markierung: grünes Quadrat
Anfahrt: S 5   2 km, Spaziergang
(Richtung Herrsching)

Reizvoller Weg am Seeufer entlang, eben, meist schattig.

Vom Bahnhof nehmen wir geradeaus den Fußweg in den Ort, überqueren die Hauptstraße, bleiben ein kurzes Stück auf ihr und biegen dann links in den Seeweg ein, der bald nach rechts am Seeufer entlangführt. Von der Alten Kirche zweigen wir wieder nach links ab und folgen jetzt dem Uferweg. Etwas weiter oberhalb müssen wir den See verlassen und ein Stück hinauf zur Kreuzwegstraße gehen, bis wir die Untere Seefeldstraße erreichen und links einbiegend auf ihr wieder zum See hinunterkommen. Jetzt bleibt unsere Route am Seeufer. Durch Badegelände geht es zum Nordufer und über die Fischerstraße und den Seeweg zurück zum Bahnhof.

Rückfahrt: S 5 ab Weßling
Sehenswert: Wallfahrtskapelle Grünsink bei Weßling (etwas abseits von der Wanderroute, Richtung Etterschlag): Der Sage nach stellte ein Seefelder Jäger in einem hohlen Birnbaum eine Marienfigur auf, an deren Stelle 1763 eine Kapelle und Klause entstand. Noch heute alljährliche Marienwallfahrt. Im Innern ein Gnadenbild des 17. Jahrhunderts nach einer Marienfigur von Mitte des 13. Jahrhunderts. Deckengemälde von H. Kirzinger (1764) und Josef Matth. Ott (1776). Bekannt als Standort für viele Votivtafeln, teilweise noch aus dem 17. Jahrhundert, die eine Fundgrube für die Trachtenforschung darstellen.

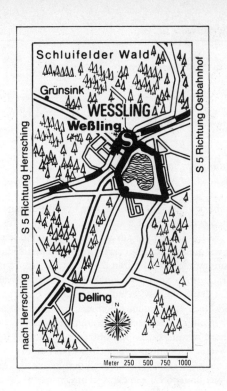

Schluifelder Wald

Grünsink

WESSLING

Weßling

S 5 Richtung Herrsching

S 5 Richtung Ostbahnhof

nach Herrsching

Delling

N

Meter 250 500 750 1000

Rundweg: Von Weßling zum Wörthsee

Wanderbahnhof: Weßling   Markierung: grüner Ring
Anfahrt: S 5   11 km, Wanderung
(Richtung Herrsching)

Abwechslungsreiche Wanderung mit sehr schönen Abschnitten durch Felder und Wälder, einige lohnende Aussichtspunkte.

Vom Bahnhof gehen wir den Fußweg in den Ort hinein, biegen rechts in die Hauptstraße ein und gleich wieder links in den Seeweg. Diesem folgen wir am Seeufer entlang. An seinem Ende behalten wir die Richtung bei und kommen über die Hauptstraße (Alte Hauptstraße) an der Alten Kirche vorbei, kreuzen dann die Hauptstraße (Fahrstraße) und nehmen den Steinebacher Weg parallel zu den S-Bahn-Gleisen durch offene Flur in westlicher Richtung. Nach etwa einem Kilometer erreichen wir den Wald, in dem wir nun einen weiteren Kilometer bleiben. An seinem Ende nähern wir uns der S-Bahn-Strecke und folgen ihr geradeaus am Wiesenrand entlang. Kurz vor dem Bahnhof Steinebach können wir nach rechts die Gleise überqueren und gehen nun über die Weßlinger Straße in den Ort hinein bis zur Hauptstraße, der wir nach links folgen und unter den S-Bahn-Gleisen hindurch (Möglichkeit der Rückfahrt von hier) bis zur Meilinger Straße gehen. Hier biegen wir nach links ein und wandern auf der Teerstraße wieder in östlicher Richtung auf schattenloser Route nach Meiling. Wir verlassen den Ort in nordöstlicher Richtung auf einem Feldweg, der einen weiten Blick in die Landschaft erlaubt. Beim Gut Delling erreichen wir eine schöne Allee mit alten Eichen, die den Kalkofenberg hinaufführt. Dann haben wir noch ein Stück durch Wald nach Weßling vor uns. Am See entlang geht es schließlich zum S-Bahnhof zurück.

Rückfahrt: S 5 ab Weßling
Sehenswert: Kirche St. Maria Himmelfahrt in Weßling: Markanter gotischer Turm mit Blendengliederung und Satteldach,

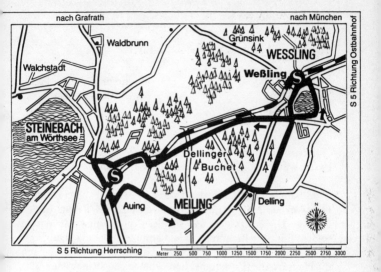

Neubau 1778, Saalanlage mit leicht einschwingenden Wänden, die durch Pilaster gegliedert sind.

Neue Pfarrkirche in Weßling: 1939 erbaut, im Hochaltar überlebensgroßer Kruzifix aus dem 16. Jahrhundert; weitere Ausstattungsstücke (Muttergottes, 15. Jh., Anna Selbdritt, 16. Jh., hl. Georg und Kreuzgruppe, 17. Jh.) stammen aus der Kirche St. Maria Himmelfahrt (s. o.).

Meiling und Delling

Wanderbahnhof: Weßling	Markierung: grüner Punkt
Anfahrt: S 5	7 km, Wanderung
(Richtung Herrsching)	

Abwechslungsreiche Wanderung mit sehr schönen Abschnitten durch Wald und Flur, mit zahlreichen schönen Ausblicken.

Vom Bahnhof gehen wir den Fußweg in den Ort hinein, biegen rechts in die Hauptstraße ein und gleich wieder links in den Seeweg. Diesem folgen wir am Seeufer entlang, behalten an seinem Ende die Richtung bei und kommen über die Hauptstraße (Alte Hauptstraße) an der Alten Kirche vorbei, kreuzen dann die Hauptstraße (Fahrstraße) und nehmen den Steinebacher Weg parallel zu den S-Bahn-Gleisen durch offene Flur nach Westen. Nach etwa einem Kilometer erreichen wir den Rand des Waldes, in dem wir nun etwa einen Kilometer geradeaus weiterwandern. An einer Wegkreuzung im Wald biegen wir dann nach links in südliche Richtung ein. Auf dem weiteren Weg wechseln Schonungen und Hochwald ab, bis wir aus dem Wald heraustreten und freies Wiesen- und Ackerland erreichen. Vor uns liegt nun Meiling, das wir nach kurzer Wanderung erreichen.
Wir verlassen den Ort in nordöstlicher Richtung auf einem Feldweg, von dem aus wir einen weiten Blick in die Landschaft haben. Bei Delling erreichen wir die Fahrstraße nach Herrsching, unterqueren sie und gehen nun durch eine schöne Allee alter Eichen den Kalkofenberg hinauf, dann durch Wald nach Weßling und dort wieder am Seeufer entlang und zum S-Bahnhof zurück.

Rückfahrt: S 5 ab Weßling
Sehenswert: Kirche St. Georg in Delling: Erbaut um 1805 unter Graf Törring-Seefeld, mit Flachkuppeln über dem Langhaus. Im Innern Hochaltar aus der 2. Hälfte des 18. Jahrhunderts mit

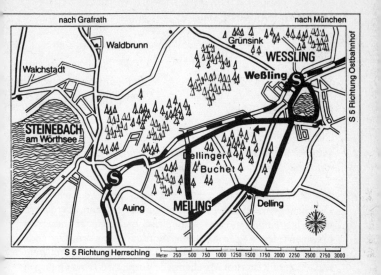

hl. Georg zu Pferd, vielleicht von Fr. X. Schmädl (vermutlich auch die Kanzel zuzuschreiben), Grabsteine aus dem 16. Jahrhundert an der inneren Westwand.

Jexhof und Schöngeising

Wanderbahnhof: Weßling   Markierung: grünes Dreieck
Anfahrt: S 5   13 km, Tour
(Richtung Herrsching)

Sehr schöne Waldwanderung mit einigen leichten Steigungen, Bademöglichkeit in Schöngeising in der Amper.

Am Bahnhofsvorplatz gehen wir nach links, erreichen die Durchgangsstraße und folgen ihr ein Stück. Dann überqueren wir links einbiegend die Bahngleise und nehmen nun den Mischenrieder Weg in Richtung Norden. Nach dem Ortsende von Weßling gehen wir auf einer asphaltierten Allee am Wald entlang zum Reiterhof Mischenried. Vor dessen Eingang biegen wir links ein. Unser Weg führt nun immer in der Nähe des Waldes vorbei an weiten Feldern und Wiesen zur Bundesstraße 12, die wir ein Stück weiter westlich überqueren und dann in den Wald eintreten. Auf festen Kies-Schotter-Wegen beginnt hier ein langes Waldstück, vorbei an der Steinernen Säule, bis wir, fast immer auf schnurgeradem Weg, das Gut Jexhof in weiter Lichtung erreichen. Wir durchqueren die Lichtung und stoßen wenig später erneut im Wald auf den Kellerbach. Hier wenden wir uns in einer Spitzkehre nach rechts und folgen dem Bachlauf bergauf, halten uns immer links am Hochufer der Amper, bis wir schließlich in weitem Linksbogen die Höhe verlassen und auf dem Waldweg talwärts wandern. Das Ampertal erreichen wir beim Wasenmeister, folgen nun ein Stück nach links der Fahrstraße, um dann rechts den Weg zu den Amperstegen zu nehmen. Wir überqueren die beiden Flußarme und kommen zum Ort Schöngeising. Von der Ortsmitte führt schnurgerade unser Weg weiter nach Nordwesten zum etwa zwei Kilometer entfernten S-Bahnhof Schöngeising.
Rückfahrt: S 4 ab Schöngeising
Sehenswert: Pfarrkirche St. Johannis in Schöngeising (s. S. 50). Bauernhofmuseum im Gut Jexhof.

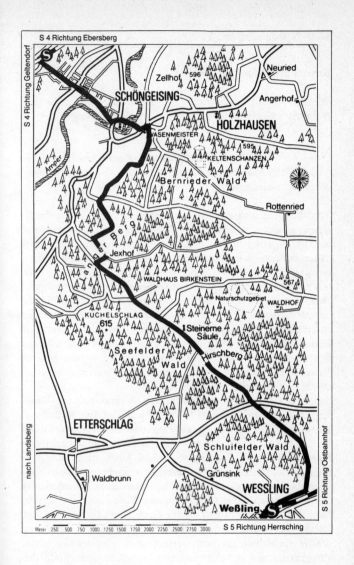

Kiental und Kloster Andechs

Wanderbahnhof: Herrsching   Markierung: grünes Quadrat
Anfahrt: S 5 (Herrsching)   7 km, Wanderung

Sehr schöne Wanderung bergauf, jedoch nicht sehr steil (nur das letzte Stück). Besonders schöner Waldabschnitt im Kiental, allerdings meist vielbegangen.

Vom Bahnhofsausgang gehen wir geradeaus auf der Kienbachstraße, an deren Ende über den Kienbach nach rechts und über die Fischergasse zur Münchner Straße (Durchgangsstraße). Dort halten wir uns ein kurzes Stück links, überqueren den Kienbach erneut und biegen gleich rechts bachaufwärts in den kleinen Park mit hohen Kastanien ein. Wir überqueren den Bach erneut und wenden uns dann links, immer bergan, auf der Andechser Straße bis zur Kreuzung. Dort geht es weiter auf der Kientalstraße ins romantische Kiental hinauf auf festem Kiesweg, dem Bachlauf folgend. Beim alten Stauwehr zweigt unser Weg nach links ab, den gewundenen Pfad – das letzte Wegstück – zum Kloster hinauf. Den Rückweg nehmen wir auf der gleichen Route.

Rückfahrt: S 5 ab Herrsching

Sehenswert: Benediktinerkloster und Wallfahrtskirche Mariä Verkündigung in Andechs: Die wohl bedeutendste Wallfahrtsstätte des Oberlandes. Anlaß zum Bau der jetzigen Kirche Anfang des 15. Jahrhunderts war die Wiederauffindung der drei Hostien (1388), die St. Rasso im 10. Jahrhundert aus dem Heiligen Land mit anderen Reliquien mitgebracht haben soll. Heute ein erstrangiges Werk der bayerischen Rokokokunst (1755). Langhaus und Chor erhielten Wölbungen, die Johann Baptist Zimmermann mit leuchtenden Gemälden ausstattete. Die Stuckarbeiten, ebenfalls von J. B. Zimmermann, zählen zu den bedeutendsten in Oberbayern. Dominierend der Hochaltar, entworfen von J. B. Zimmermann, mit dem Gnadenbild der Muttergottes mit Jesuskind aus der Zeit um 1500; der obere Hochaltar mit figürlichen Bildwerken ist eine Schöpfung von

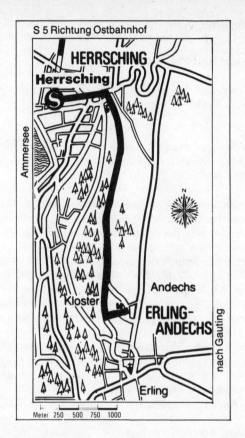

F. X. Schmädl (gestorben 1777). Herausragend die Heilige Kapelle, der älteste Teil der Kirche, mit den Andechser »Heiltümern« (Reliquien) und Teilen des einstigen Andechser Schatzes, darunter das Brustkreuz der heiligen Elisabeth, das Siegeskreuz Karls des Großen und die Goldene Rose, ein Geschenk des Papstes an Herzog Albrecht III., den Stifter der Benediktinerabtei (1455). Einzigartig die Sammlung von rund 250 Votivkerzen aus den Jahrhunderten, die älteste von 1594. Beachtlich die vorzüglichen Stuckarbeiten im Klostergebäude (Fürstenzimmer, Bibliothek) und die einstige Apotheke (St.-Hedwigs-Museum).

Erling und Andechs

Wanderbahnhof: Herrsching   Markierung: grünes Dreieck
Anfahrt: S 5 (Herrsching)   9 km, Wanderung

Sehr schöne Wanderung durch die waldige Höhe des Kienbach-Hochufers durch Wiesen und schließlich zurück durch die romantische Kiental-Schlucht.

Vom Bahnhofsausgang wandern wir geradeaus auf der Kienbachstraße bis St. Martin auf der Höhe. Dort gehen wir rechts vorbei und biegen dann halblinks in die Leitenhöhe ein. Auf dieser bleiben wir nun, immer leicht bergan steigend, verlassen den Ort, treten dann in ein schönes Wiesental ein und kommen schließlich in den Wald. Wir bleiben – immer bergauf gehend – nahe am Rande der steil abfallenden Kientalhöhe weiter im Wald, bis wir – jetzt in ein langgestrecktes waldumgrenztes Tal eintretend – die Höhe erreichen und auf dem Hörndlweg nach Erling kommen.
Wir bleiben am Rande des Ortes, schwenken bei den ersten Häusern nach links in den Wartaweiler Weg und gehen nun über die steilen Treppen hinunter ins Kiental, über den Kienbach hinweg und dann – beim alten Stauwehr – wieder hinauf zum Kloster Andechs. Den Rückweg nehmen wir durch das Kiental.

Rückfahrt: S 5 ab Herrsching
Sehenswert: Kirche St. Martin in Herrsching: Erstmals 1065 erwähnt, mehrfach um- und neugebaut (eine Turmglocke trägt die Jahreszahl 1483). Letzte Barockisierung im späten 18. Jahrhundert. Schöne Barockfigur des heiligen Martin am Hauptaltar, Pietà aus der Zeit um 1600 am linken Seitenaltar.
St. Nikolaus (untere Kirche) in Herrsching: Geht möglicherweise auf das Jahr 1065 zurück. Seit 1927 Pfarrkirche. Im Inneren ein Barockgemälde der Anbetung der Heiligen Drei Könige von Jacopo Amigoni.
Schloßkapelle Mühlfeld in Herrsching: Ende des 16. Jahrhun-

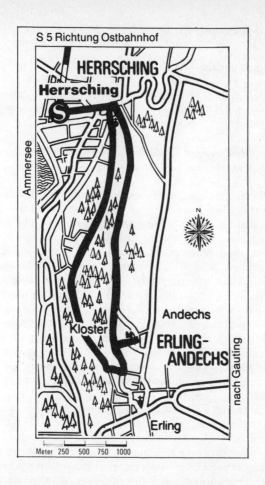

derts erbaut, 1626 restauriert von Andechser Benediktinern. Die barocke Ausstattung (Altar frühbarock) hat die Säkularisation unbeschadet überstanden. Seit 1803 mit dem Schloß in Privatbesitz, nicht öffentlich zugänglich.

Schloß Mühlfeld – Ramsee-Denkmal

Wanderbahnhof: Herrsching   Markierung: grüner Ring
Anfahrt: S 5 (Herrsching)   9 km, Wanderung

Abwechslungsreicher Wanderweg, der bei warmem Wetter viel Schatten in schönen Waldpassagen bietet.

Am Bahnhofsausgang halten wir uns nach rechts und gehen auf der Straße »Zum Landungssteg« zur Seestraße, in die wir rechts einbiegen, hinunter zur Seepromenade und dort links am See entlang. Nahe der Fahrstraße nach Weilheim verlassen wir den Uferweg und gehen etwas entfernt vom Seeufer auf Schloß Mühlfeld zu. Beim Schloß biegen wir rechts in die Mühlfelder Straße ein und wandern auf der Teerstraße zur Siedlung Mühlfeld hinüber. Dort überqueren wir den Mühltalbach und gehen dann links einbiegend in den Wald hinein. Unser Waldweg führt nun in südlicher Richtung bergauf, nahezu gerade bis zur Wegkreuzung, an der ein Gedenkstein an die einstige Siedlung Ramsee erinnert. Das Ramsee-Denkmal ist ein kleiner gemauerter Gedenkstein ein paar Schritte abseits des Weges am südwestlichsten Punkt der Wanderroute bei der großen Wegkreuzung im Forst.
Wir haben nun die Höhe der Steigung erreicht und gehen links auf geradem Weg entlang der Schonung wieder bergab zur Schwellbrücke. Dort schwenken wir nach links und nehmen jetzt wieder nördliche Richtung für den Rückweg. Durch weite Lichtungen und kurze Waldstücke erreichen wir auf Waldwegen die von Erling kommende Fahrstraße. Hier gehen wir ein Stück zurück nach rechts bergauf, um aber gleich wieder scharf links in die Panoramastraße einzubiegen, die uns zurück zur Seepromenade führt. Von dort gelangen wir auf der Route des Herwegs zum S-Bahnhof zurück.

Rückfahrt: S 5 ab Herrsching

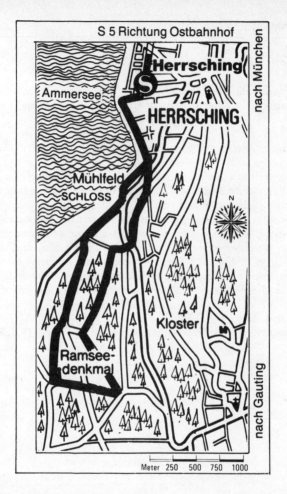

Sehenswert: Ramsee-Gedenkstein bei Herrsching: Erinnert an den einstigen Weiler Ramsee, der zuletzt aus sechs Häusern bestand und 42 Einwohner hatte. Mitte des vorigen Jahrhunderts, heißt es, sei ein Gehöft nach dem anderen abgebrannt, der Ort ist seither »untergegangen«.

Kirche St. Martin, St. Nikolaus in Herrsching (s. S. 86/87).

Maria Eich und Gräfelfing

Wanderbahnhof: Planegg   Markierung: grüner Punkt
Anfahrt: S 6 (Richtung Tutzing)   3 km, Spaziergang

Schöner Waldspaziergang ohne Steigung.

Wir verlassen den Bahnhof über den westlichen Tunnelausgang, halten uns dann links und wandern durch den schönen Park mit hohen Eichen nach Maria Eich. Wir gehen an der Wallfahrtskirche rechts vorbei und halten uns nun halbrechts, unterqueren die Fahrstraße und schwenken dann halblinks auf den schnurgeraden Wallfahrerweg nach Norden ein. Wir bleiben auf diesem schönen, breiten Waldweg (anfangs auch Kreuzweg) bis zur Kreuzung Geigerstraße, biegen dort rechts ein und erreichen über Geigerstraße und Ruffiniallee den Bahnhof Gräfelfing.

Rückfahrt: S 6 ab Gräfelfing
Sehenswert: Wallfahrtskapelle Maria Eich in Planegg (s. S. 74).

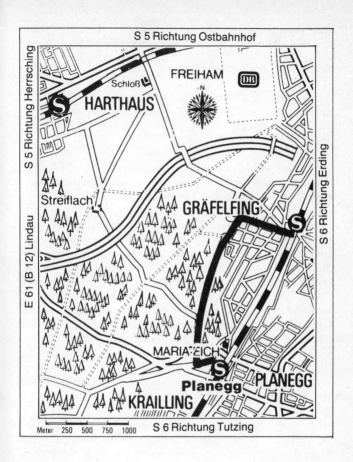

S 5 Richtung Ostbahnhof

S 5 Richtung Herrsching

E 61 (B 12) Lindau

S 6 Richtung Erding

FREIHAM

Schloß

HARTHAUS

Streiflach

GRÄFELFING

MARIA-EICH

Planegg

PLANEGG

KRAILLING

Meter 250 500 750 1000

S 6 Richtung Tutzing

Kreuzlinger Forst und Gauting

Wanderbahnhof: Planegg   Markierung: grünes Dreieck
Anfahrt: S 6   7 km, Wanderung
(Richtung Tutzing)

Sehr schöne Waldwanderung auf ebenen Forstwegen, Teilstücke neben belebter Fahrstraße, jedoch auf angenehmen, durch Bäume und Büsche abgeteilten Fußwegen.

Am Bahnhof nehmen wir den westlichen Ausgang und wandern zunächst durch den Park nach Maria Eich. Dort wenden wir uns links nach Westen und nehmen den Fußweg, der zunächst parallel zur Germeringer Straße, dann weiter halblinks parallel zur Sanatoriumstraße verläuft. An ihrem Ende passieren wir das Waldsanatorium. Dann folgen wir ein Stück der Pentenrieder Straße nach Westen und biegen in den Forst ein. Hier geht es ein Stück südlich, später in östlicher Richtung, wechselnd durch Nieder- und Hochwald, teils Mischwald, teils Nadelgehölz, bis in Höhe von Gauting, wo wir links einbiegen.
Über Birkenstraße und Germeringer Straße kommen wir zum Pippinplatz, gehen durch die Bahnunterführung und kommen zum S-Bahnhof Gauting.
Rückfahrt: S 6 ab Gauting
Sehenswert: Pfarrkirche St. Benedikt in Gauting: Kirche um 1500 errichtet, im 17. Jahrhundert barock umgebaut, 1934/35 durch Neubau ersetzt. Bemerkenswert die kleinen bemalten Glasscheiben aus dem älteren Bau vom Anfang des 16. Jahrhunderts.
Frauenkirche (Obere Kirche) in Gauting: 1465 erbaut, Altäre und Kanzel aus der Mitte des 18. Jahrhunderts, der südliche Seitenaltar von Johann Baptist Straub, aus dessen Werkstatt auch der nördliche Seitenaltar. Rosenkranz-Muttergottes am Triumphbogen aus der zweiten Hälfte des 17. Jahrhunderts. Mehrere bemerkenswerte Rotmarmorgrabsteine hinter dem Hochaltar (um 1600).

S 6 Richtung Erding

Meter 250 500 750 1000 1250 1500 1750 2000

K R E U Z L I N G E R

MARIA-EICH

Planegg

PLANEGG

KRAILLING

FORST

Stockdorf

FORST-KASTEN

Grubmühl

GAUTING

Kasten

Schloß

N

S 6 Richtung Tutzing

93

Rundweg: Forsthaus Kasten

Wanderbahnhof: Planegg
Anfahrt: S 6
(Richtung Tutzing)

Markierung: grünes Quadrat
10 km, Wanderung

*Überwiegend auf Waldwegen, kaum Höhenunterschiede, ein
längeres Stück durch Einzelhaussiedlungen.*

Wir nehmen den Ostausgang der Bahnhofunterführung und
gehen über die Bahnhofstraße geradeaus, bis wir kurz vor der
Würm rechts in die Bräuhausstraße einbiegen, die später zur
Margaretenstraße wird. An der Ludwig-Nagl-Straße geht es
links über die Würm und dann ein Stück zurück auf der
Gautinger Straße (Durchgangsstraße). Dann biegen wir rechts in
die Forst-Kasten-Straße ein, die sanft bergauf zum östlichen
Ortsende verläuft, dort nach rechts abzweigt und nun immer in
südlicher Richtung zum Gasthaus Forst Kasten führt. Wir
gehen, die Südrichtung beibehaltend, durch den Wirtshof, wieder in den Wald und auf dem Geräumtweg bis in die Höhe des
Ortsendes von Stockdorf. Dort schwenkt unser Weg nach rechts
in westliche Richtung. Es geht ein Stück bergab. Wir verlassen
nun den Wald, gehen einige Schritte durch Weideland, kreuzen
die Gautinger Straße und gehen durch die Allee nach Grubmühl
hinüber. Hier überqueren wir die Würm. Dann biegen wir rechts
ein und haben nun ein schönes Waldstück bis Stockdorf vor uns,
das wir bei der katholischen Pfarrkirche St. Vitus erreichen. Von
hier geht es immer nördlich auf der Waldstraße, dann auf der
Bergstraße durch die villenartige Siedlung, bis wir den Wanderbahnhof Planegg erreichen.
Rückfahrt: S 6 ab Planegg
Sehenswert: St. Margareth in Krailling: Spätgotische Kirche im
Kern, barock umgestaltet. Reichgegliederter Barockhochaltar
(Anfang des 18. Jahrhunderts) mit spätgotischer Madonna (um
1500). An der Südwand eine Muttergottes aus der Mitte des 16.
Jahrhunderts.

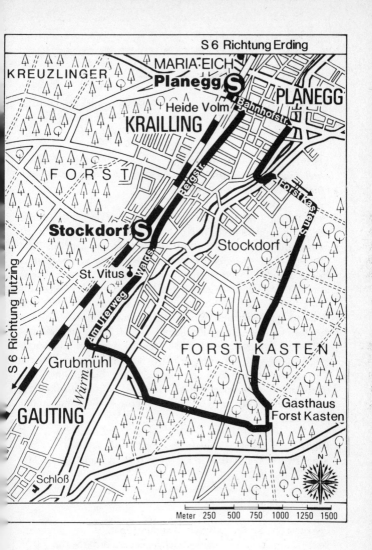

Streiflach und Harthaus

Wanderbahnhof: Planegg   Markierung: grüner Ring
Anfahrt: S 6 (Richtung Tutzing)   5 km, Spaziergang

*Leichter ausgedehnter Spaziergang ohne nennenswerte Höhen-
unterschiede. Zur Hälfte auf dem schönen Wallfahrerweg durch
Hochwald, später durch Felder.*

Vom Bahnhof nehmen wir den Westausgang und gehen durch
den Park hinüber nach Maria Eich. Dort halten wir uns halbrechts und folgen nach der Straßenunterführung dem Wallfahrerweg Richtung Gräfelfing, zweigen aber schon bald nach links
ab und wenden uns jetzt nach Nordwesten. Vor der Autobahn-
unterführung verlassen wir den Forst und wandern jetzt auf
Feldwegen durch freie Flur zum Gut Streiflach, dem ehemaligen
Vorwerk von Freiham. Wir durchqueren den Hof und gehen
durch eine schöne Kastanienallee weiter. Bei der kleinen Wegkapelle schwenken wir nach links, bleiben dann am Waldrand,
gehen weiter nordwärts bis zur Hartstraße, die sich hier als fester
Kiesweg zum Gut Freiham fortsetzt. Wir biegen links ein,
erreichen den Ortseingang von Germering. Dort schwenken wir
nach rechts und kommen über die Hubertusstraße zum Bahnhof
Harthaus.

Rückfahrt: S 5 ab Harthaus
Sehenswert: Wallfahrtskapelle Maria Eich in Planegg (s. S. 74).

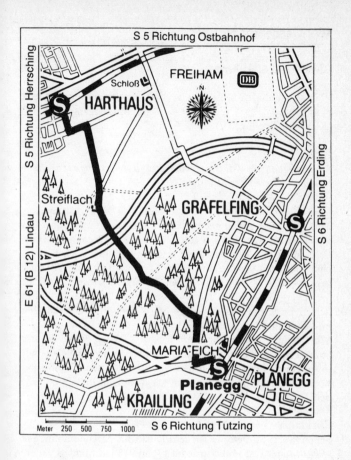

Rieden und Starnberg

Wanderbahnhof: Mühlthal   Markierung: grünes Dreieck
Anfahrt: S 6   4 km, Spaziergang
(Richtung Tutzing)

Überwiegend am Waldrand nahe der S-Bahn, geringe Höhenunterschiede, befestigte Straßen.

Vom Bahnhof nehmen wir die Straße in Fahrtrichtung aus München nach Süden neben den S-Bahn-Gleisen. Sie führt uns zunächst am Rande des Waldes entlang, zweigt dann im freien Feld etwas von der Bahnlinie ab. Wir kommen nach Rieden, einem Gut mit der kleinen Kirche St. Peter und Paul. Von hier geht es nach einigen Windungen der Straße wieder geradeaus leicht bergab. Dann passieren wir ein längeres Waldstück und an dessen Ende die Außenbezirke Starnbergs mit Tennisanlagen und dem am Hang gelegenen Friedhof.
Wir bleiben weiter auf dem Riedener Weg, gehen an der Sportanlage vorbei und erreichen die Durchgangsstraße, die wir in spitzem Winkel kreuzen. Durch die Leutstettener Straße und Kaiser-Wilhelm-Straße kommen wir dann zum Bahnhof Starnberg.

Rückfahrt: S 6 ab Starnberg
Sehenswert: St. Peter in Rieden: Die kleine Kirche stammt aus spätgotischer Zeit und wurde im 17. und 18 Jahrhundert verändert. Der Hochaltar von 1669 ist dem heiligen Petrus geweiht, der Seitenaltar entstand 1699. Auf dem Friedhof haben erlauchte Persönlichkeiten neben Bauern, Knechten und Mägden ihre letzte Ruhestätte.
Alte Pfarrkirche St. Joseph in Starnberg (s. S. 100)

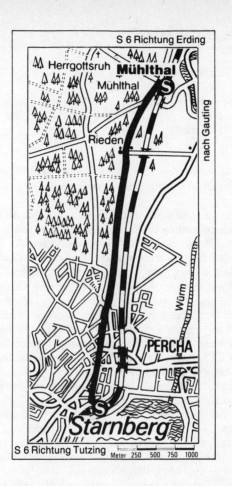

S 6 Richtung Erding

Herrgottsruh

Mühlthal

Mühlthal

Rieden

nach Gauting

Würm

PERCHA

Starnberg

S 6 Richtung Tutzing

Meter 250 500 750 1000

Rundweg: Herrgottsruh - Starnberg

Wanderbahnhof: Mühlthal   Markierung: grünes Quadrat
Anfahrt: S 6   10 km, Wanderung
(Richtung Tutzing)

Meist durch Wald auf Forstwegen, später am Waldrand auf wenig befahrenem Teerstraßerl, einige leichte Steigungen.

Am Bahnhof wenden wir uns nach rechts in nördliche Richtung am Waldrand entlang und treten dann auf dem festen Kiesweg nach links in den Wald ein. Von hier führt uns der Weg zum Wegekreuz Herrgottsruh und von dort wieder nach links in südlicher Richtung, die wir – immer im Wald bleibend – jetzt für die nächsten zweieinhalb Kilometer beibehalten. Wir erreichen Starnberg über die Straße Am Hofbuchet bei der Schießstätte. Dann gehen wir durch die Wernbergstraße, biegen dann rechts in die Josef-Sigl-Straße, die in die Ferdinand-Maria-Straße mündet. Links zweigt an dieser Kreuzung der Riedener Weg nach Norden ab, auf dem wir zurück nach Mühltal wandern.

Rückfahrt: S 6 ab Mühlthal

Sehenswert: Alte Pfarrkirche St. Joseph in Starnberg: Die Spätrokokokirche mit dem hohen, kuppelgekrönten Turm (Wahrzeichen der Stadt) entstand 1764 bis 1770. Baumeister ist der Münchner Hofmaurermeister Leonhardt Matthäus Giessl. Die Stuckarbeiten sind von Franz Xaver Feichtmayr, den Hochaltar und wahrscheinlich auch die Kanzel schuf Ignaz Günther zwischen 1766 und 1769, die Fresken der Münchner Hofmaler Christian Wink. Die ganze Ausstattung bildet eine vollendete Einheit; ein schönes Beispiel des bayerischen Rokoko.

Kirche St. Peter in Rieden.

Würmgaumuseum in Starnberg: Das sogenannte Lochmannhaus, ein altes, bis ins 16. Jahrhundert zurückreichendes Fischerhaus. Im Obergeschoß reiche barocke Vertäfelung. Das Museum birgt eine beachtliche kultur- und ortsgeschichtliche Sammlung.

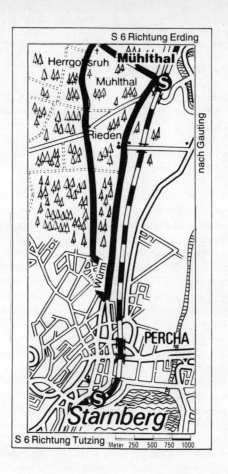

Leutstetten und Wildmoos

Wanderbahnhof: Mühlthal   Markierung: grüner Ring
Anfahrt: S 6 (Richtung Tutzing)   8 km, Wanderung

Sehr abwechslungsreich, über freie Wiesen, durch Moosland-schaft und Mischwälder, einige leichte Steigungen.

Wir verlassen den Bahnsteig über die Treppen, gehen dann links durch die Unterführung und wieder links an der Bahnstrecke entlang bis zum alten Bahnhofsgebäude. Dort führt unser Weg als Waldpfad steil bergab nach rechts hinunter zur Fahrstraße. Vor der Würmbrücke biegen wir rechts ein und wandern oberhalb der Würm flußaufwärts, bis wir die Fahrstraße nach Starnberg erreichen. Hier wenden wir uns nach links, gehen über die Würmbrücke und dann nach rechts in die Altostraße, auf der wir hinauf nach Leutstetten kommen. Wir passieren die Schloß-gaststätte (Biergarten), biegen dann rechts in die Wangener Straße und ein Stück weiter unterhalb wieder rechts in den Moosweg ein. Auf diesem gehen wir nun durch schöne Moos-landschaft in südlicher Richtung auf den Wald zu, bleiben eine kurze Strecke am Waldrand, biegen dann aber nach links in den Wald ein. Auf schmalem Pfad geht es nun durch sumpfige Lichtungen und Waldstücke bis zu einem schönen Picknickplatz (rustikale Sitzgruppe, bei guter Sicht schöner Blick auf die Alpen). Dort halten wir uns wieder links in östlicher Richtung auf dem Knüppeldamm am Waldrand und erreichen schließlich den befestigten Waldweg, der schnurgerade bis zum Wildmoos-haus führt. Hier biegen wir nach links ein und wenden uns auf dem Dammweg nach Norden durch sumpfigen Niederwald, der nach etwa einem Kilometer in hohen Buchenbestand übergeht. Dort stoßen wir auf die asphaltierte Straße von Wangen, der wir nach links in den Ort Leutstetten hinein folgen. Von der Abzweigung des Moosweges an haben wir dann die gleiche Route wie beim Herweg zum Bahnhof zurück.

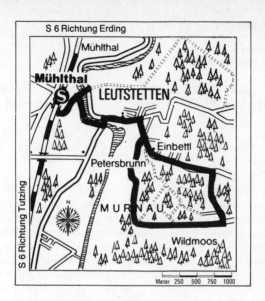

Rückfahrt: S 6 ab Mühlthal

Sehenswert: Schloß Leutstetten: Von Hans Urmüller 1565 erbaut, nach Apian aus den Ruinen der einstigen Karlsburg. Privatbesitz des Hauses Wittelsbach, nicht öffentlich zugänglich, Südfront vom Wildmoos sichtbar.

Kirche St. Alto in Leutstetten: Im Kern spätgotisch, im 17. Jahrhundert verändert. Im Langhaus ein schönes Deckenfresko von 1789, das die Vision des heiligen Alto darstellt. Am Hochaltar (1666 neu gestaltet) kostbare Holzfiguren der Heiligen Alto und Elisabeth (beide 1520 datiert). Wertvollster Besitz der Kirche ist das Holzrelief des Pfingstwunders, das zwischen 1480 und 1490, wahrscheinlich von Erasmus Grasser, geschaffen wurde (Rahmung Anfang des 18. Jahrhunderts).

Königswiesen und Gauting

Wanderbahnhof: Mühlthal   Markierung: grüner Punkt
Anfahrt: S 6 (Richtung Tutzing)   6,5 km, Wanderung

*Abwechslungsreiche Waldwanderung auf Forstwegen (Wald-
lehrpfad), einige leichte Steigungen.*

Vom Bahnhof gehen wir nach rechts in Richtung Norden auf
dem befestigten Wirtschaftsweg, der am Waldrand ein Stück
neben den Schienen verläuft, dann nach links in den Wald
einbiegt und wenig später wieder nach rechts in nördlicher
Richtung verläuft. Wir passieren die Wasserbehälter und wenden
uns wieder nach links, eine mit hohen Buchen bestandene
Anhöhe hinauf, um dann (ab hier ein längeres Stück ohne
Markierung) auf schnurgeradem Weg durch den Forst zur
Waldkapelle Herrgottsruh zu wandern, bei der fünf Wege
zusammentreffen. Wir schlagen den ersten Weg zur Rechten ein,
gehen am Rande einer jungen Schonung entlang, zunächst in
nordöstlicher Richtung, dann wieder nach Norden. Von nun an
bleiben wir im Wald, meist hoher Nadelwald, gelegentlich auch
niedrigere jüngere Nachpflanzungen, häufig auch einzelne Buchen. Kurz vor dem im Wald gelegenen Gautinger Krankenhaus
schwenken wir nach Osten, gehen ein kurzes Stück über freies
Feld und wenden uns dann südlich erneut dem Forst zu. Nun
haben wir noch eine Strecke von etwa einem Kilometer im Wald
zurückzulegen, bis unser Weg bei den ersten Häusern der
Siedlung Königswiesen in die Mühlstraße einmündet. An ihrem
Ende unterqueren wir auf der Hauser Straße die Bahnstrecke und
biegen gleich links in die Königswieser Straße ein, der wir nun,
zunächst entlang der Bahnstrecke, nach Gauting hinein folgen.
Später gehen wir auf der Zugspitzstraße und über die Bahnhofstraße zum S-Bahnhof.
Rückfahrt: S 6 ab Gauting
Sehenswert: Frauenkirche und Pfarrkirche St. Benedikt in Gauting (s. S. 92).

Rieden und Mühlthal

Wanderbahnhof: Starnberg	Markierung: grünes Quadrat
Anfahrt: S 6	4 km, Spaziergang
(Richtung Tutzing)	

Leichter Spaziergang überwiegend am Waldrand, geringe Höhenunterschiede, befestigte Straßen.

Wir verlassen den Bahnhof, überqueren den Bahnhofsvorplatz und gehen nun ein Stück rechts versetzt auf der Kaiser-Wilhelm-Straße nach Norden. Unsere Wanderung setzt sich dann über die Leutstettener Straße und weiter links abbiegend über den Ludwig-Thoma-Weg bis zum Riedener Weg fort. Auf diesem gehen wir nordwärts nahe der S-Bahn-Linie, vorbei am Sportplatz, den Tennisplätzen und dem Waldfriedhof auf der anderen Straßenseite am Hang. Auf dem Teerstraßerl durchqueren wir dann ein Waldstück und kommen bald zum Gut Rieden mit der kleinen Kirche St. Peter und Paul. Von hier ist es nun nicht mehr weit geradeaus nach Norden bis zum S-Bahnhof Mühlthal.

Rückfahrt: S 6 ab Mühlthal
Sehenswert: Alte Pfarrkirche St. Joseph in Starnberg (s. S. 100) und Kirche St. Peter in Rieden (s. S. 98).

Rundweg: Maisinger Schlucht

Wanderbahnhof: Starnberg   Markierung: grünes Dreieck
Anfahrt: S 6   16 km, Tour
(Richtung Tutzing)

Sehr abwechslungsreiche Wanderung durch Wald, über Wiesen und Felder und am Seeufer entlang. Besonders reizvoll die Passage durch die Maisinger Schlucht. Bademöglichkeit am Maisinger See.

Wir verlassen den S-Bahnhof auf der Stadtseite, gehen links auf der Bahnhofstraße, dann weiter auf der Pöckinger Straße in westlicher Richtung, bis links die Maisinger-Schlucht-Straße abzweigt. Über sie erreichen wir den Maisinger Werkkanal und stoßen dann auf den Maisinger Bach. Ihm folgen wir aufwärts bis in die romantische Maisinger Schlucht.

An deren Ende gehen wir ein Stück bergauf, verlassen den Wald und erreichen den Ortsrand von Maising. Auf der Fahrstraße geht es zur Ortsmitte; dort verlassen wir geradeaus auf einem Feldweg die nach rechts weiterführende Straße und kommen nun durch Wiesen und Weiden zum Maisinger See. Den Rückweg nehmen wir über Waldwege und durch Wiesen, später über freie Flur nach Pöcking, dann auf der Höhe, auf einem schönen Waldweg, dem Prinzenweg, nach Starnberg zurück. Den Ort erreichen wir auf der Wilhelmshöhenstraße. Wir gehen dann über den unteren Seeweg und die Seepromenade zum S-Bahnhof. Ein etwas weiterer Weg führt von Pöcking nach Possenhofen hinunter, durch den Schloßpark und am Seeufer entlang nach Starnberg.

Rückfahrt: S 6 ab Starnberg
Sehenswert: Alte Pfarrkirche St. Joseph in Starnberg (s. S. 100). Schloß Possenhofen: Einst »Sissy-Schloß« (Romanze zwischen Elisabeth, die hier einen Großteil der Jugendzeit verbrachte und

Ludwig II., der Schloß Berg am gegenüberliegenden Seeufer bewohnte). Erster Steinbau 1536, 1834 von Herzog Maximilian in Bayern (1808–1888) erneuert. Kürzlich umgebaut und in Privatbesitz. Der Schloßpark ist zugänglich.

Berg und Leoni

Wanderbahnhof: Starnberg   Markierung: grüner Ring
Anfahrt: S 6 (Richtung Tutzing)   15 km, Tour

Schöne Wanderung, meist am Seeufer entlang, zahlreiche lohnende Aussichtspunkte auf den See, die Berge und die weite Landschaft (vom Bismarckturm).

Vom Bahnhof wenden wir uns der Seeseite zu und gehen auf der Seepromenade nach links. Über Dampfschiffstraße und Nepomukweg erreichen wir hinter der Ziehbrücke über die Würm das Erholungsgelände Kempfenhausen, durch das wir immer südwärts wandern. Dann nehmen wir den Seeuferweg. An dessen Ende gehen wir weiter über die – nun geteerte – Seestraße nach Berg. Über die Grafstraße und den König-Ludwig-Weg gelangen wir in den Schloßpark, den wir, vorbei an der Votiv-Kapelle, durchqueren. An seinem Ende, kurz vor Leoni, erreichen wir die Fahrstraße entlang dem Seeufer. Wir folgen ihr, bis wir bei der Rottmannshöhe den steilen Pfad durch den Wald links hinauf nach Assenhausen nehmen.
Oben angelangt, wenden wir uns nach rechts durch den Park zum Bismarckturm und im Bogen wieder zurück zur Einmündung des Waldpfades vom See. Von hier haben wir den gleichen Weg zurück zum Wanderbahnhof Starnberg.
Rückfahrt: S 6 ab Starnberg
Sehenswert: Schloß Berg: Der ursprüngliche Herrensitz wurde 1640 als Schloß von Friedrich von Hörwarth erbaut. Seit 1676 im Besitz der Wittelsbacher. 1849 bis 1851 neugotisch verändert. Nach dem 2. Weltkrieg schwer beschädigt und wieder aufgebaut (nicht öffentlich zugänglich, Schloßpark geöffnet).
Votivkapelle für Ludwig II. in Berg: Über dem Seeufer von Berg gelegen, gegenüber der Unglücksstelle vom 13. 6. 1886.
Kirche St. Johann Baptist in Berg: Spätromanischer Bau, im 17. Jahrhundert (Hochaltar) nur wenig verändert.

Rundweg: Deixlfurter See

Wanderbahnhof: Tutzing	Markierung: 1 im Kreis
Anfahrt: S 6 (Tutzing)	5 km, Spaziergang

Sehr abwechslungsreicher Spaziergang durch eine romantische Schlucht, über Wiesen, eine Uferallee und durch Wald.

Vom Bahnhof gehen wir links in die Heinrich-Vogl-Straße, die unter den Gleisen der S-Bahn hindurch und nach rechts weiter neben den Gleisen verläuft. Wir überqueren die Traubinger Straße und gehen geradeaus weiter auf der Hofrat-Beisele-Straße. Ein Stück weiter führt uns die Straße nach links durch eine freundliche Einzelhaussiedlung. Bei den letzten Häusern erreichen wir den Waldrand, von dem uns nur der tief einge-schnittene Kalkgraben trennt. Hier gehen wir rechts, dem Bachlauf folgend, in die Senke hinunter. Kurz hinter einer kleinen Grotte zur Rechten öffnet sich nach links in den Wald hinein die romantische Waldschmidtschlucht (Tristallgraben), der wir bergauf folgen, wobei wir immer wieder über Stege den Schluchtbach überqueren. Auf der Höhe gehen wir dann auf einem Waldweg oberhalb des Bachlaufes weiter und erreichen wenig später – kurz vor der Siedlung an der Luswiese – freies Feld. Hier gehen wir geradeaus und kommen – immer am Waldrand bleibend – bei der Sendeanlage der Post zur Fahrstraße nach Traubing. Auf ihr gehen wir ein Stück nach rechts, biegen aber wenig später an der Kreuzung nach links in den Forstweg ein, der uns nach kurzer Wanderung zu den Deixlfurter Weihern führt. Wir passieren mehrere kleine Weiher und erreichen schließlich die von Tutzing nach Obertraubing führende Fahr-straße. Wir biegen links ein und wandern nun bergab auf Waldpfaden nahe der Fahrstraße nach Tutzing zurück. Ab Ortseingang wird die Fahrstraße zur Kustermannstraße, der wir nun bis zur Heinrich-Vogl-Straße folgen, rechts einbiegen und zum S-Bahnhof zurückgehen.

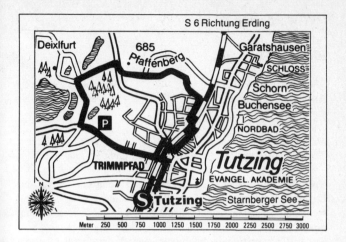

Rückfahrt: S 6 ab Tutzing

Sehenswert: Alte Pfarrkirche St. Peter und Paul in Tutzing: 1738/39 auf den Fundamenten eines spätgotischen Baus errichtet. Ursprüngliche Inneneinrichtung ging im 19. Jahrhundert verloren. Noch erhaltene Figuren: Barockplastik »Maria vom Siege«, barocke Statuen St. Peter und Paul, barocke Figur des heiligen Sebastian; von der früheren Ausstattung: Die barocke Figur des Hl. Stephanus auf dem rechten Seitenaltar und das große Kreuz mit der Schmerzhaften Muttergottes.

Höhenberg-Rundweg

Wanderbahnhof: Tutzing	Markierung: 2 im Kreis
Anfahrt: S 6 (Tutzing)	4 km, Spaziergang

Durch reizvolle Landschaft mit lohnenden Aussichtsplätzen, Teilstücke durch Wald, Steigungen und Gefälle.

Vom Bahnhof gehen wir links parallel zu den Gleisen auf der Heinrich-Vogl-Straße, unterqueren dann die S-Bahn-Gleise und wenden uns nach links, ein Stück auf dem Beringer Weg entlang, um jedoch gleich wieder rechts in den Martelsgraben einzubiegen, die Fortsetzung des Schluchtweges auf der oberen Gleisseite. Wir folgen dem Bachlauf bergauf, überqueren schließlich den Bach und gehen weiter hinauf bis zum Gut Martelshof. Hier schwenken wir nach links, wandern weiter bis zur Höhenbergstraße und auf dieser nach rechts weiter bergauf. Bei den letzten Häusern wird die Straße zu einer schönen Allee, auf der wir durch eingezäunte Weiden noch etwa 400 Meter bis zum Waldrand zu gehen haben.

Nun liegt ein reizvolles Waldstück vor uns (z. T. Trimmpfad), bis wir die Lichtung erreichen, an der ein Forstweg kreuzt. Hier halten wir uns links, überqueren bald die Fahrstraße nach Monatshausen und gehen weiter geradeaus durch die Alte Allee. Rechts oberhalb liegt der Kamm der Ilkahöhe. Nach etwa 100 Meter biegen wir wieder links in den Wald ein. Auf gewundenem schönen Waldweg gehen wir nun wieder bergab, teils durch Fichtenschonung und Lichtungen, teils durch hohen Mischwald aus Fichten und Buchen bis zum Ortsrand hinunter. Hier halten wir uns links und gehen am Waldrand entlang weiter. Beim Erlenberggraben gehen wir nach rechts und hinunter bis zu den

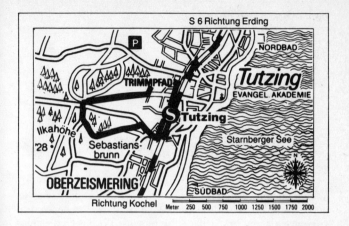

Bahngleisen, wo wir links in den Beringer Weg einbiegen. Diesem folgen wir nun bis zur Einmündung in die Höhenbergstraße. Dann unterqueren wir die Bahn und gehen auf der Heinrich-Vogl-Straße zurück zum Bahnhof.

Rückfahrt: S 6 ab Tutzing
Sehenswert: Alte Pfarrkirche St. Peter und Paul in Tutzing (s. S. 113).

Rundweg: Ilkahöhe

Wanderbahnhof: Tutzing   Markierung: weißes Dreieck
Anfahrt: S 6 (Tutzing)   6 km, Spaziergang

Besonders schöne Landschaft, lohnende Fernsicht auf die Alpen-
kette bei guter Sicht, Teilstücke durch Wald, zahlreiche Steigun-
gen und Bergabstrecken.

Vom Bahnhof gehen wir links in die Heinrich-Vogl-Straße, die
unter den Gleisen hindurch und nach rechts weiter neben den
Gleisen entlangführt. An der Kustermannstraße biegen wir links
ein und gehen geradeaus aus dem Ort zum Waldrand. Dort geht
es immer in der Nähe der Fahrstraße weiter bergauf auf Waldpfaden. Kurz vor Obertraubing bleiben wir ein Stück auf der
Fahrstraße, verlassen sie aber bald und biegen links auf den
Forstweg, den Tutzinger Waldsportweg ein (Trimmpfad mit 20
Stationen). Wir bleiben auf dem Pfad, der wechselnd durch
Hochwald, Schonungen und Lichtungen bis zum Großen Stein
führt. Dort schwenken wir nach rechts und erreichen nach

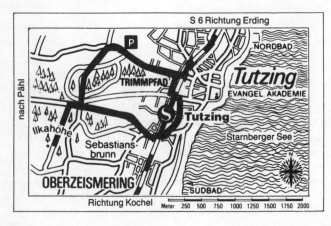

wenigen Schritten die Monatshauser Straße. Auf dieser geht es noch einige Schritte bergauf, bis links der Kammweg zur Ilkahöhe abzweigt, dem wir nun nach Durchschreiten des Gatters folgen (sehr schöne Fernsicht) bis zum Aussichts- und Rastplatz Ilkahöhe (728 m) unter altem Baumbestand. Für den Rückweg können wir die gleiche Route nehmen, den Verlauf des Höhenberg-Rundweges wählen oder auf dem Feldweg unterhalb der Ilkahöhe zum Forsthaus Ilkahöhe wandern und von dort auf der Route der Tutzinger Runde nach Unterzeismering und weiter nach Tutzing wandern.

Rückfahrt: S 6 ab Tutzing

MVV-Wanderweg Nr. 55

Tutzinger Runde

Wanderbahnhof: Tutzing   Markierung: X 3
Anfahrt: S 6 (Tutzing)   20 km, Tour

Sehr abwechslungsreiche Landschaft, zahlreiche Waldabschnitte, Steigungsstrecken und schöne Aussichtsplätze; gute Kondition erforderlich.

Vom Bahnhof gehen wir links in die Heinrich-Vogl-Straße; kurz vor der Bahnunterführung biegen wir rechts in den Schluchtweg ein, dann links in die Kirchenstraße und geradeaus weiter auf der Oskar-Schüler-Straße und über das Fischergassl hinunter zum See. Am Seeufer wandern wir links auf der Uferpromenade entlang, vorbei am Midgardhaus zum Freibad. Dort gehen wir ein paar Stufen hinauf und dann weiter in einiger Entfernung vom Seeufer bis zum Altersheim. Dort biegen wir links in die Allee ein, überqueren die Fahrstraße nach Feldafing und wandern auf der Alten Traubinger Straße weiter bergauf. Am

Ortsende unterqueren wir die Bahngleise und biegen gleich links in den Forstweg ein. Auf dem gewundenen Waldweg wandern wir weiter bergauf zum Pfaffenberg. Auf der Höhe nehmen wir mehr südliche Richtung, bis wir auf eine tiefe Waldschlucht stoßen, die wir durchqueren, um auf der gegenüberliegenden Seite auf die Wegkreuzung bei der Siedlung an der Luswiese zu stoßen. Hier halten wir uns rechts, bleiben am Waldrand bis hinauf zur Fahrstraße nach Traubing bei der Sendestation der Post. Einige Schritte weiter nach rechts zweigt unser Weg links in den Wald ab. Auf breitem Forstweg erreichen wir wenig später die Deixlfurter Weiher. Gleich beim ersten, dem Langweiher, biegen wir rechts ein, gehen zwischen den Weihern hindurch, dann auf einem Feldweg, der bald zu einer langgewundenen Allee quer durch die weite Lichtung wird, in langem Bogen um das Gut Deixlfurt herum. Beim Waldrand wenden wir uns in spitzer Kehre nach Süden. Unser Weg führt nun am Ufer des Deixlfurter Weihers entlang nach Obertraubing. Im Weiler gehen wir ein Stück auf der Fahrstraße nach rechts, biegen aber bald links in die Halbergstraße ein. Nun führt unser Weg in weitem nordwestlichen Bogen um den Filzweiher herum durch schönen Mischwald und weiter auf der Fahrstraße nach Monatshausen. Beim Feuerwehrhaus geht es links weiter, dann beim Trafohaus erneut links in freies Gelände. Von hier haben wir zunächst eine Asphaltstraße, später einen Feldweg durch eine weite hügelige Wiesen- und Weidelandschaft. Nach etwa zwei Kilometer erreichen wir wieder den Wald, den wir erst etwas unterhalb der Ilkahöhe wieder verlassen. Beim Gut Ilkahöhe biegen wir nach rechts ab und nehmen den Forstweg bergab hinunter zur Fahrstraße nach Diemendorf. Auf dieser gehen wir ein Stück nach links, um dann nach rechts den Diemendorfer Weg nach Unterzeismering zu nehmen. Im Ort überqueren wir die Hauptstraße und gehen über den Unteranger zum Höhenrieder Weg, dem wir nach links folgen bis zur Einmündung in die Lindenallee, in die wir nach rechts einbiegen. Auf ihr gelangen wir nun in nördlicher Richtung vorbei am Südbad zum Kustermannpark. Über Hauptstraße, Gröbenweg, Pommernstraße und Kellerweg kommen wir dann zum Bahnhof.

Rückfahrt: S 6 ab Tutzing

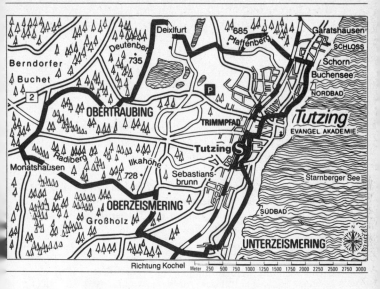

Sehenswert: (zu Weg Nr. 56) Kloster Bernried: Ehemaliges Augustinerchorherrenstift, 1121 als Doppelkloster gegründet. Klosterkirche St. Martin 1662 geweiht; der stattliche Turm ruht auf mittelalterlichem Unterbau. Im Altarraum gut erhaltener Flügelaltar (um 1510). Auf dem Hochaltar sehr reiches Rokoko-Tabernakel (vor 1741). Seitenaltäre vor dem Altarraum und im Langhaus zwischen 1796 und 1799. Altarbilder von Franz Kirzinger, 1795.

Pfarrkirche St. Maria in Bernried: Ursprünglich gotischer Bau von 1382. Der jetzige kleinere Bau stammt aus der Mitte des 17. Jahrhunderts. Einfache Stukkaturen. Hochaltar aus dem Ende des 17. Jahrhunderts. Seitenaltäre von 1769 (Thassilo Zöpf zugeschrieben). Beachtenswert: Kruzifix (Westwand) und kleine Muttergottes im Rosenkranz am Triumphbogen aus dem 16. Jahrhundert. Vesperbild aus der ersten Hälfte des 15. Jahrhunderts in der an der Nordseite anschließenden Wallfahrtskapelle (sog. Gruftkirche).

Tutzing–Bernried

Wanderbahnhof: Tutzing   Markierung: X 4
Anfahrt: S 6 (Tutzing)   12 km, Tour

Zum Teil auf geteerten Fußwegen, viele schattige Abschnitte, ein Stück am See entlang, nur geringe Steigungen, lohnender Aussichtspunkt und schöne Seeblicke.

Vom Bahnhof gehen wir über den Kellerweg, dann weiter über Pommernstraße und Gröbenweg zur Hauptstraße. Dieser folgen wir nach rechts bis zum Beginn des Kustermannparks. Dort biegen wir links in die Lindenallee ein und gehen in südlicher Richtung. Wer die Aussicht genießen will, steigt die Stufen zur Höhe des Johanneshügels hinauf und wandert droben weiter nach Süden und wieder hinunter zur Lindenallee. In Unterzeismering biegen wir links in den Höhenrieder Weg ein, der in einiger Entfernung vom Seeufer verläuft. Am Ortsende gehen wir nach rechts über Unteranger, dann links über die Dorfstraße zur Bernrieder Straße (Fahrstraße). Auf dieser bleiben wir nun ein gutes Stück, bis in einer Rechtskurve unser Weg geradeaus durch Wiesen weiterführt. Wir passieren zwei Waldstückchen und bleiben dann am Rande des weitläufigen Geländes der Höhenrieder Kuranstalt. An deren Ende wandern wir erneut ein Stück auf der Fahrstraße, biegen dann nach links in den Ort Bernried ein, gehen hinunter zum Seeufer und folgen diesem nach rechts. Von hier lohnt sowohl der Weg zum Kloster hinauf als auch geradeaus weiter in den Bernrieder Park.
Den Rückweg nehmen wir auf der Route des Hinwegs.

Rückfahrt: S 6 ab Tutzing
Sehenswert: Kloster Bernried (s. S. 119).

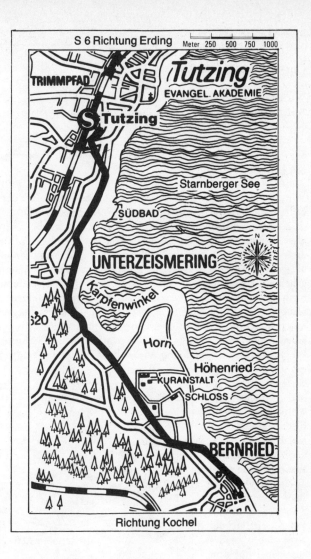

Gut Kerschlach und Pähl

Wanderbahnhof: Tutzing   Markierung: X 5
Anfahrt: S 6 (Tutzing)   20 km, Tour

Sehr reizvolle Landschaft, vielfach durch Wald, zahlreiche, gelegentlich steile Steigungen.

Vom Bahnhof wenden wir uns nach rechts und gehen auf dem Kellerweg in südlicher Richtung zur Weilheimer Straße und dann unter den Bahngleisen hindurch weiter bergauf zum Ortsende, wo wir rechts in die Monatshauser Straße einbiegen. Auf dieser wandern wir nun immer in westlicher Richtung bergauf, bis wir die Höhe des Weges beim Ilkakamm erreichen. Von dort gehen wir weiter geradeaus durch ebenes Gelände, zuerst durch niedrige dichte Schonungen und Buschwald, dann über eine weite Lichtung mit einem Einzelgehöft, später leicht bergauf durch hohen Buchenwald oberhalb von Monatshausen bis zur Fahrstraße nach Traubing. Hier biegen wir rechts ein, schwenken aber nach etwa 100 Meter wieder links ein auf den Feldweg nach Westen. Nach einem Waldstück und einem Abschnitt durch freies Feld überqueren wir die B 2 und wandern weiter geradeaus durch eine Allee mächtiger alter Kastanien zum Gut Kerschlach. Im Gut gehen wir an der Kreuzung geradeaus weiter auf dem Teerstraßerl, das bald nach links ein-

schwenkt. Nach 50 Meter nehmen wir den Feldweg halbrechts die Höhe hinauf. Von dort geht es durch schöne Wiesenlandschaft, dann in den Wald hinein, bergauf und bergab, bis der Kiesweg in eine Lindenallee zwischen hügeligem Weideland mündet. Nach weiteren 100 Meter erreichen wir eine kleine, von dicken Ahornbäumen gesäumte Fahrstraße, in die wir nach rechts einbiegen. Abermals 100 Meter weiter zweigen wir erneut rechts ab und bleiben nun ein gutes Stück am Waldrand bis zur nächsten Kreuzung. Hier halten wir uns links und gehen nun auf den Gutshof zu. Vor dem Gehöft wenden wir uns nach rechts und wandern nun bergab. Bald endet zur Rechten der Wald, und wir können vor uns den Ort Pähl und zur Rechten die weite Ebene mit den Erdfunkstationen von Raisting sehen. Wir erreichen den Ort unterhalb des Hochschlosses auf der Straße Am Gasteig. Weiter führt der Weg ins Dorf hinunter bis zur Zwiebelturmkirche (schöner Blick auf das Schloß).

Den Rückweg nehmen wir auf der Route des Hinwegs.

Rückfahrt: S 6 ab Tutzing

Sehenswert: Pfarrkirche St. Lorenz in Pähl: 1723–34 von Joseph Schmuzer neu erbaut. Die ehemals gotische Kirche enthält Fresken von Johann Baader (1772) und sparsame, harmonische Stukkaturen. Turm im Untergeschoß noch romanisch. Hochaltar (ohne Figuren) aus der Pfarrkirche von Erling.

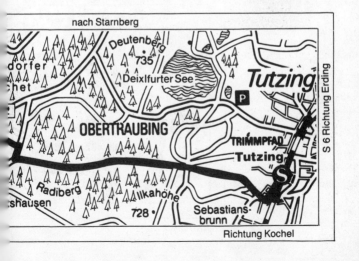

Gut Kerschlach – Erling – Andechs

Wanderbahnhof: Tutzing
Anfahrt: S 6 (Tutzing)

Markierung:
X 6, ab Andechs grünes Quadrat
18 km, Tour

Besonders schöne, wenn auch anstrengende Wanderung durch abwechslungsreiche Landschaft, zahlreiche Abschnitte bergauf und bergab, viele Waldstrecken und schöne Ausblicke.

Vom Bahnhof wenden wir uns nach rechts und gehen auf dem Kellerweg in südlicher Richtung zur Weilheimer Straße, dann unter den Bahngleisen hindurch zum Ortsausgang. Dort biegen wir rechts in die Monatshauser Straße ein. Auf dieser bleiben wir nun immer in westlicher Richtung. Wir gehen bergauf, bis wir die Höhe des Weges zum Ilkakamm erreichen. Von dort wan-

Fortsetzung siehe Karte Seite 127

dern wir weiter geradeaus durch ebenes Gelände, zuerst durch niedrige, dichte Schonungen und Buschwald, dann über eine weite Lichtung mit einem Einzelgehöft, später leicht bergauf durch hohen Buchenwald oberhalb von Monatshausen bis zur Fahrstraße nach Traubing. Hier biegen wir rechts ein, schwenken aber nach etwa 100 Meter wieder links in den Feldweg nach Westen ein. Nach einem Waldstück und einem Abschnitt durch Felder überqueren wir die B 2 und gehen geradeaus durch eine Allee mächtiger alter Kastanien zum Gut Kerschlach. Im Gut gehen wir an der Wegkreuzung nach rechts in nördlicher Richtung durch weite Wiesen auf den Waldrand zu. Dort verlassen wir den Weg und biegen nach links auf einen Waldpfad ein, der bald in einen Forstweg einmündet und nun immer in nördlicher Richtung weiterführt. Beim Wegkreuz mit Marterl und Ruhebank halten wir uns rechts, später bei einer Abzweigung an einer alm-ähnlichen Waldlichtung wieder nach links in Richtung Hartkapelle, die jedoch weiter links entfernt bleibt. Wenig später lösen Wiesen und Weiden links leicht abfallend den Wald ab. Von hier haben wir bis kurz vor Erling immer wieder einen weiten Ausblick auf den Ammersee bis hinüber nach Dießen. Am Ende

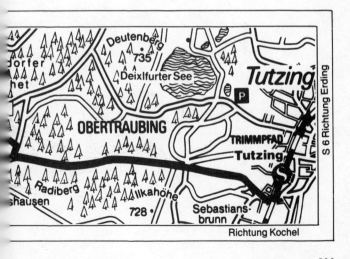

des Höhenweges treten wir erneut in den Wald ein und haben nun nur noch ein kurzes Stück bergab hinunter bis zur Fahrstraße von Weilheim, die bald in die Straße von Herrsching mündet. Auf dieser gehen wir nach rechts in den Ort hinein bis zur Kreuzung und dort links durch den Ort zum Kloster Andechs hinauf. Von dort geht es links den Berg hinunter durchs Kiental nach Herrsching (Markierung grünes Quadrat).

Rückfahrt: S 5 ab Herrsching
Sehenswert: Benediktinerkloster und Wallfahrtskirche Mariä Verkündigung in Andechs (s. S. 84/85).
Pfarrkirche St. Veit in Erling: Im Kern eine spätgotische Hallenkirche, 1681 umgestaltet, 1747/48 ausgestattet, 1860 Beseitigung von Stuck und Altären. Erhalten zwei Figuren der alten Ausstattung im Altarraum (die Heiligen Modestus und Crescentia), im neuen Altar eine Sitzfigur des heiligen Veit (um 1500).

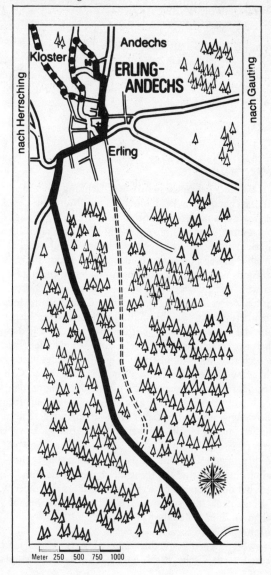

Holzen – Kloster Schäftlarn – Ebenhausen

Wanderbahnhof: Icking   Markierung: grünes Dreieck
Anfahrt: S 7   5 km, Wanderung
(Richtung Wolfratshausen)

Sehr abwechslungsreiche Landschaft, Wiesen, Felder und Wald, einige Steigungen und Gefällstrecken, ein Steilstück.

Vom S-Bahnhof gehen wir in östlicher Richtung hinter dem alten Bahnhofsgebäude den Pfad hinunter zur Bundesstraße. Dort wenden wir uns nach rechts, nehmen aber gleich den nach links abzweigenden Weg Richtung Reiterhof bis zum alten Ickinger Kircherl. Beim Kircherl biegen wir links ein auf den Feldweg (zugleich Reitweg), der nahezu eben nach Norden führt, durch eingezäunte Weiden, später an einem Wäldchen entlang bis zum Rastplatz »Dreispitz« des Isartalvereins (ein kleiner Birkenhain). Ein Stück weiter halten wir uns rechts und dann wieder links auf breitem befestigtem Weg bis zum Ort Holzen. Hier biegen wir links in die Allee ein, die in nördlicher Richtung aus dem Ort herausführt. Nach etwa 100 Meter nehmen wir den Feldweg nach rechts, der etwas oberhalb des Waldrandes fast gerade durch offenes Gelände führt. Wir passieren zwei Gehöfte. Hinter dem zweiten reicht eine Fichtenschonung an den Weg heran. Wenige Schritte weiter zweigt unser Weg scharf rechts in die Schonung ab und verläuft jetzt knapp zwei Kilometer, gewunden durch Hochwald herab (Forststraße). Etwa einen Kilometer südlich vom Kloster Schäftlarn erreichen wir die Talsohle und den Waldrand. Auf einem Teerstraßerl geht es nun nach links in nördlicher Richtung durch die Au bis zum Kloster. Gegenüber der Klosterkirche zweigt nach links ein steiler Waldpfad bergauf ab, der uns zum Teil über Stiegen hinauf nach Ebenhausen zum S-Bahnhof führt.
Rückfahrt: S 7 ab Ebenhausen
Sehenswert: Benediktinerabtei und Klosterkirche Schäftlarn: Die restaurierte Kirche, die durch die Künstler vom Münchner

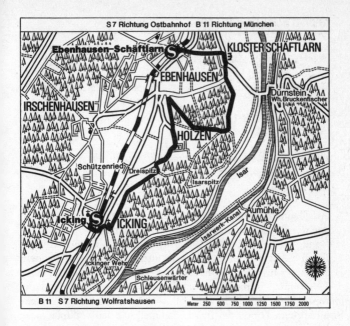

Hof eigene und edelste Prägung erhielt, zählt zu den bedeutendsten Barockschöpfungen Bayerns. Der Bau entstand zwischen
1733 und 1760. Die Klostergebäude und den Kirchturm errichte-
te der Münchner Hofbaumeister Giovanni Antonio Viscardi.
Den Kirchenbau führte zunächst (1733–40) der »kurbairische
Hofbaumeister« François Cuvilliés d. Ä. aus. Der zweiten
Bauphase (1751–60) standen der Hofbaumeister Johann Georg
Gunetzrhainer und der wohl genialste Architekt der Zeit, Johann Michael Fischer, vor. Die Stukkaturen und Deckenfresken
schuf 1754–56 der aus Wessobrunn stammende Hofstukkateur
und Hofmaler Johann Baptist Zimmermann. Hochaltar, Seitenaltäre, Kanzel, Chorgestühl, Kirchenbänke, Beichtstühle und
Orgelgehäuse entstanden 1755–64 in der Werkstatt des Bildhau-
ers Johann Baptist Straub. Die Gemälde für Hochaltar, Rosen-
kranz- und Kreuzaltar fertigte der Hofmaler Balthasar Augustin
Albrecht.

Wolfratshauser Aussichtsrunde

Wanderbahnhof: Icking　　　　Markierung: grünes Quadrat
Anfahrt: S 7　　　　　　　　　9 km, Wanderung
(Richtung Wolfratshausen)

Ein besonders schöner und abwechslungsreicher Weg am Isar-
hochufer entlang, überwiegend schattig, zahlreiche lohnende
Aussichtsplätze.

Am Bahnhof gehen wir zum südlichen Bahnsteigende und auf
der die Bahn kreuzenden Ortsstraße nach links hinunter zur
Bundesstraße. Auf dieser gehen wir nun 100 Meter nach Süden.
Dann biegen wir links ein auf die alte Teerstraße und wandern
auf dieser bis Spatzenlohe. Ab hier geht es auf einem schönen
Wanderpfad durch Hochwald immer in der Nähe der Bahn
weiter bis unterhalb Schlederloh, wo unser Weg die Bahnstrecke
unterquert. Hinter der Brücke nehmen wir den Waldpfad nach
links bergauf in den Ort Schlederloh. An der Ortsstraße biegen
wir links und wenig später wieder rechts ein zum südlichen
Ortsausgang. Beim letzten Haus geht es links an der Hecke
entlang hinauf zum Hochuferweg. Nun bleiben wir am Hoch-
uferrand bis Mettinplatz unterhalb von Dorfen. Dort wandern
wir nach rechts bis zur Bundesstraße und auf dieser weiter nach
links, dann rechts bergauf in den Ort Dorfen bis zum Maibaum.
Dort halten wir uns links und folgen der Straße zum Ortsausgang. Wir wandern nun in südlicher Richtung auf dem geraden
Teerstraßerl bis zu einem Findling am Straßenrand. Dort biegen
wir links in Buchenhochwald ein. Der Waldpfad führt durch eine
schluchtartige Senke, quert auf der anderen Seite eine Weide-
Lichtung und setzt sich dann wieder in Buchenhochwald bergab
gewunden fort bis zum Wolfratshauser Kreuzweg. Auf diesem
wandern wir hinunter in die Stadt zum Untermarkt. Dort gehen
wir nach rechts, biegen dann links in die Bahnhofstraße ein,
überqueren die Loisach und nehmen gleich hinter der Brücke
den Uferweg nach Norden. Auf diesem kommen wir am Wehr

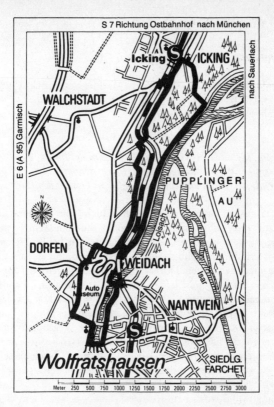

vorbei bis zur Weidacher Brücke, bei der wir wieder auf die westliche Loisachseite wechseln. Hinter der Brücke folgen wir dem Weg nach rechts die Schlederleite hinauf. Nach rund 400 Meter zweigt unser Weg als Waldpfad nach rechts ab, zunächst leicht bergab, dann wieder ansteigend zum Riemerschmid-Park. Von hier steigen wir steil hinab zum Isarufer und wandern nun zum Ickinger Wehr. Dort führt unser Weg gewunden nach links steil durch Wald nach Icking.

Rückfahrt: S 7 ab Icking
Sehenswert: Kirche Hl. Kreuz in Icking, um 1500 erbaut (im 18. Jh. umgebaut).

Pupplinger Au – Aumühle

Wanderbahnhof: Markierung: grünes Quadrat
Wolfratshausen 14 km, Tour
Anfahrt: S 7 (Wolfratshausen)

Ebenes Gelände, ein längeres Stück an lebhafter Fahrstraße entlang, in der Pupplinger Au auf Teerstraßerl (ohne Autoverkehr) durch Wald, ein Teilstück auf dem Damm des Isarkanals.

Vom Bahnhof gehen wir ein Stück südlich (vom Ausgang links) bis zur Sauerlacher Straße und nehmen nun den Gehweg neben dieser stark befahrenen Ausfallstraße, die wir bei St. Nantwein verlassen, durch Wohngebiet weiterwandern und erst am Ortsende wieder erreichen. Dort wandern wir entgegen der Fahrstraße über die Isar- und Isarkanalbrücke bis zum Ort Puppling. Dort halten wir uns links, wandern am Gasthof »Aujäger« vorbei bis zur Gabelung der Teerstraße am Beginn des Durchfahrtsverbotes für den Autoverkehr. Unser Weg führt von hier weiter auf der nach links abzweigenden Teerstraße, die zunächst schnurgerade durch lichten Kiefernwald führt. Nach einer Biegung nach rechts vor einem Kiesabbaugelände verlassen wir die Teerstraße und gehen auf unbefestigtem Weg am Waldrand entlang weiter, vorbei am Kieswerk, später neben einem kleinen Bachlauf, bis unser Weg an den Isarkanal stößt. Bis zur Aumühle bleiben wir nun auf dem geraden Damm und erreichen die schon von weitem sichtbare, überdachte Holzbrücke. Dort verlassen wir nach rechts den Damm und durchqueren die aus wenigen Gebäuden bestehende Ortschaft. Am Ende des Weilers an der Wegkreuzung nehmen wir die Teerstraße nach rechts in südlicher Richtung, die teils in Windungen, teils gerade, meist durch Kiefernwald, bei Kaltenbach – nicht weit entfernt vom »Aujäger« in Puppling – in die Route des Hinwegs einmündet. Zum S-Bahnhof gehen wir nun auf dem schon bekannten Weg zurück.

Rückfahrt: S 7 ab Wolfratshausen

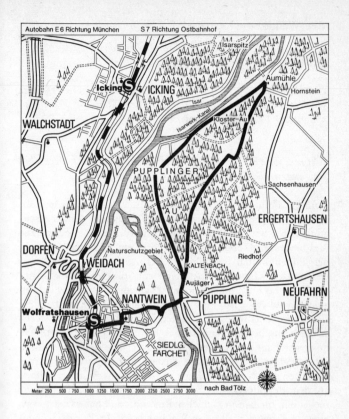

Sehenswert: Kirche St. Nantwein in Wolfratshausen: 1624 unter Benutzung eines spätgotischen Baus errichtet. Die Ausstattung aus der Erbauerzeit bietet einen reizvollen, harmonischen Gesamteindruck. Am Hochaltar (1672 restauriert) ein älteres Gemälde der Marter des heiligen Nantwein, wahrscheinlich von Leonhard Griesmann (gest. 1634). Die Seitenfiguren sind von Ambros Degler. Schmuckreiche Seitenaltäre. In einer Wandnische des Altarraumes der Schrein des hl. Nantwein aus dem 18. Jahrhundert.

Neufahrn – Holzwirt – Puppling

Wanderbahnhof: Markierung: grünes Dreieck
Wolfratshausen   13 km, Tour
Anfahrt: S 7 (Wolfratshausen)

Sehr reizvolle Wanderung, überwiegend durch Wald, wechselnd Steigungen und Gefälle, zahlreiche Aussichtspunkte.

Vom S-Bahnhof wandern wir teils durch Wohngebiet teils auf der lebhaften Sauerlacher Straße nach Puppling. An der Kreuzung halten wir uns rechts, gehen ein Stück auf der Fahrstraße und biegen nach etwa 100 Meter links ein. Nun geht es leicht bergauf zum alten Pupplinger Kircherl, das wir rechts liegen lassen. Der Weg führt uns weiter ein Stück nach links, dann wieder rechts und immer bergauf auf einem Feldweg, der bald zu einem Waldweg wird, bis zu einem kleinen Anwesen, bei dem sich nach rechts freies Feld öffnet. Unser Weg setzt sich wechselnd leicht bergauf und bergab durch Hochwald fort. Am höchsten Punkt endet der Wald; unser Weg senkt sich durch offene Felder und steigt dann wieder leicht an bis zu den ersten Gehöften von Neufahrn. Dort halten wir uns weiter geradeaus auf dem Pupplinger Weg in den Ort hinein. Im Ort biegen wir rechts ein, bleiben in südlicher Richtung und haben nach etwa einem Kilometer wieder den Waldrand erreicht. Zur Rechten im Tal hebt sich deutlich eine Keltenschanze ab. Unser Weg führt weiter geradeaus, jetzt bergauf in den Wald hinein, und wechselnd steigend und fallend in Windungen durch den Wald bis zur Ausflugsgaststätte »Holzwirt«.
Hier zweigt unser Weg scharf nach rechts ab und führt in einem schluchtartigen Hohlweg wieder bergauf und in weitem Rechtsbogen zum Gut Haarschwaige, das in einer weiten Waldlichtung mit Wiesen und Feldern liegt. Wir durchqueren die Flur und kommen auf der anderen Seite wieder in den Wald. Nun wandern wir durch Wald und einige kleine Lichtungen immer in nordwestlicher Richtung zurück nach Puppling, das wir beim

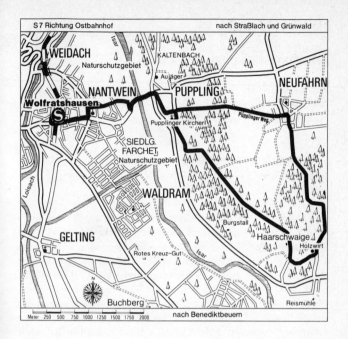

Kircherl erreichen. Von hier geht es auf der Route des Hinwegs zurück, bis wir am Wanderbahnhof Wolfratshausen wieder ankommen.

Rückfahrt: S 7 ab Wolfratshausen
Sehenswert: Pfarrkirche St. Andreas in Wolfratshausen: Ursprünglich 1484 erbaut, nach Brand 1619 bis 1631 erneuert, 1632 von den Schweden zerstört und wiederhergestellt. Stattlicher dreischiffiger Hallenbau mit steilem, schlankem Zwiebelturm. Stukkierung im Innenraum geometrisch mit Engelsköpfen, Gehängen und Bandranken. Den Hochaltar schuf 1659–61 der einheimische Künstler Lukas Herle, die Figuren Kaspar Niederreiter, das Gemälde der Kreuzigung des heiligen Andreas ist von Adam Griesmann. Die Kanzel entstand um 1680, ebenso die Apostelfiguren auf Konsolen an den Wänden.

Schloß Eurasburg – Rundweg

Wanderbahnhof:
Wolfratshausen
Anfahrt: S 7 (Wolfratshausen)

Markierung: grüner Ring
20 km, Tour

Abwechslungsreich, vielfach über wenig befahrene Teerstraßerl, offenes Gelände und Waldstücke, oft bergauf und bergab, teilweise lohnende Aussichtsplätze.

Am Bahnhof halten wir uns rechts und gehen auf der Bahnhofstraße hinunter zur Loisach. Vor der Brücke schwenken wir nach links und gehen vorbei an der Loisachhalle auf dem Uferweg zur Sauerlacher Straße. Dort geht es weiter rechts über die Brücke, dann durch die Fußwegunterführung auf die andere Straßenseite. Hier setzt sich unser Weg auf der westlichen Uferpromenade fort. In Höhe des Ortes Gelting überqueren wir den Fluß und gehen in den Ort. An der Hauptstraße biegen wir rechts ein, wandern weiter bis zur Kirche, dann scharf nach rechts und auf der Teerstraße in südlicher Richtung aus dem Ort hinaus. Der Weg führt nun über rund zwei Kilometer durch die weite Flußniederung mit Brachland, Wiesen und Äckern. In Höhe des Weilers Breitenbach führt die Straße in den Wald. An der Kreuzung folgen wir ein Stück der Fahrstraße nach links und biegen dann nach rechts in einen Waldpfad ein, der als Forstweg, später als Feldweg über den Weiler Adelsreuth nach Unterherrnhausen führt. Von hier geht es ins Loisachtal hinunter und nach Schloß Eurasburg hinauf.
Der Weg führt weiter hinauf zur Höhe, die wir auf einem Pfad durch eingezäunte Weiden erreichen. Unser Pfad mündet wieder in die Fahrstraße. Wir folgen ihr unter der Garmischer Autobahn hindurch in den Ort Haidach. Hinter dem Ort zweigt die Straße nach rechts ab und führt uns hinauf in die Ortschaft Berg. Durch offene Flur gehen wir dann in nördlicher Richtung nach Degerndorf. Hier führt unser Weg nach rechts leicht bergauf aus dem Ort hinaus und durch offenes hügeliges Weideland zum Weiler

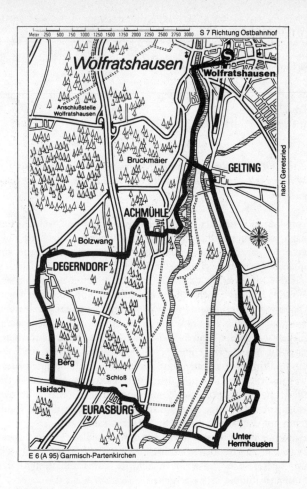

Bolzwang. Dort überqueren wir die Autobahn und wandern in nördlicher, dann östlicher Richtung ins Tal hinunter, das wir bei Achmühle erreichen. Von hier folgen wir dem Loisachuferweg zur Geltinger Brücke und der Route des Herwegs.

Rückfahrt: S 7 ab Wolfratshausen

Wörnbrunn und Grünwald

Wanderbahnhof: Deisenhofen Markierung: grünes Quadrat
Anfahrt: S 2   7 km, Wanderung
(Richtung Holzkirchen)

*Zunächst auf kaum befahrener Teerstraße, später auf befestigten
Waldwegen, in Grünwald durch ruhige Siedlungen; keine Steigungen.*

Am Bahnhof nehmen wir den Westausgang und wenden uns
nach rechts in nördlicher Richtung. Auf der Sauerlacher Straße
geht es bis zur Kybergstraße, der Durchgangsstraße, die wir
überqueren. Nun wandern wir immer in der gleichen Richtung
auf der Linienstraße parallel zur S-Bahn weiter nach Norden.
Vor der Kugleralm schwenken wir links ein und kommen wenig
später rechts einbiegend in den Wald. Eine kurze Strecke bleiben
wir noch in der Nähe des Waldrandes und der Bahnstrecke, dann
biegen wir an der kleinen Lichtung mit einer Informationstafel
über die Wanderwege im Forst (Grünwalder Forst) nach links
ein und folgen jetzt einem fast schnurgeraden, befestigten Kiesweg in westlicher Richtung durch den Wald. Der Weg mündet in
die Lichtung des Forsthauses Wörnbrunn ein. Weiter geht es in
westlicher Richtung, erneut eine kurze Strecke durch Wald,
dann auf der Wörnbrunner Straße nach Grünwald.
Am Ende dieser Straße, durch Einzelhaussiedlung, führt uns ein
Fußsteig zur Südlichen Münchner Straße hinunter, die wir
überqueren und die wenigen Schritte zur Endhaltestelle der
Straßenbahnlinie 25 weitergehen.

Rückfahrt: Straßenbahnlinie 25 ab Grünwald
Sehenswert: Burg Grünwald (abseits vom Wanderweg). Der
einzige, im wesentlichen erhaltene mittelalterliche Burgsitz im
Münchner Umland. Ausbau in der heutigen Form 1486/87. 1319
bis 1490 Sitz des oberbayerischen Jägermeisters, Blütezeit unter
den Herzögen Sigismund und Christoph. Seit der Mitte des

Derbolfingerplatz, Endhaltestelle 🚋 *25*

S 27 Richtung Hauptbahnhof

Grünwald

Wörnbrunner Str.

Forsthaus
Wörnbrunn

Linkgeräumt

Kugleralm

S 2 Richtung Petershausen

GRÜNWALDER

Sauschütt

Ludwiggeräumt

FORST

Hompeschgeräumt

Kybergs

LAUFZORN

Schloß

Deisenhofen S

Gorihaus

Römerstraße

Keltenschanze

Meter 250 500 750 1000 1250 1500

S 2 Richtung Holzkirchen

16. Jahrhunderts Verfall, zeitweise Gefängnis, 1602 bis 1857 Pulvermagazin. Seit kurzem völlig restauriert und Zweigmuseum der Prähistorischen Staatssammlung. Zu sehen sind: Geschichte der Burg, Sammlung römischer Grab- und Weihesteine, Rekonstruktion einer römischen Küche.

Gleißental und Deininger Weiher

Wanderbahnhof: Deisenhofen   Markierung: grünes Dreieck
Anfahrt: S 2   17 km, Tour
(Richtung Holzkirchen)

Sehr reizvolle Tour, überwiegend durch Wälder, zum Teil auf unbefestigten Pfaden, einige leichte Steigungen.

Am Bahnhofsplatz wenden wir uns nach rechts, gehen ein kurzes Stück parallel zu den Gleisen, kreuzen dann die Jägerstraße und wandern die Gleißentalstraße weiter in südlicher Richtung. Schließlich führt die Straße im Bogen nach links. Hier verlassen wir, fast an der Talsohle angekommen, die Straße nach rechts, unterqueren wenig später die Bahngleise und die Sauerlacher Straße hoch über uns und betreten das Gleißental. Hier gehen wir zunächst ein Stück geradeaus bis zur Weggabelung, an der wir uns links halten. Nun bleiben wir immer auf der Sohle des Gleißentales in südlicher Richtung. Nach etwa vier Kilometer ist die Verbindungsstraße Kreuzpullach–Ödenpullach zu überqueren. Etwa zwei Kilometer auf Waldpfad sind zu gehen, bis der Weg leicht ansteigend den Ort Jettenhausen erreicht. Auf der kaum befahrenen Teerstraße gehen wir weiter nach Ebertshausen. Dort wenden wir uns am südlichen Ortsende nach rechts und wandern auf einem Feldweg wieder zum Wald hinüber und auf abfallendem Forstweg zum Deininger Weiher.
Den Rückweg nehmen wir bis Jettenhausen auf der gleichen Route. Dann folgen wir ein kurzes Stück der Straße Richtung Oberbiberg nach rechts, biegen aber am Ortsende links in den Wald ein, der sich nach etwas mehr als einem Kilometer zu der weiten Lichtung von Kreuzpullach öffnet. Wir durchqueren den Weiler, wenden uns wieder nach links, erreichen erneut ein Waldstück und folgen nun dem Waldweg, bis wir wieder auf die Route des Herwegs stoßen. Von dort nehmen wir den bekannten Weg zum Bahnhof zurück auf der Gleißentalstraße.

Rückfahrt: S 2 ab Deisenhofen
Sehenswert: Kirche Hl. Kreuz in Kreuzpullach (1710).

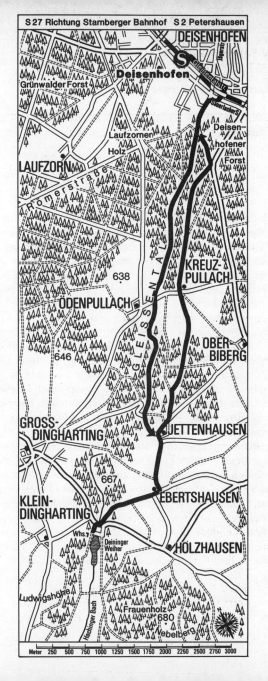

Erlkam – Aberg – Kreuzstraße

Wanderbahnhof: Holzkirchen   Markierung: grünes Quadrat
Anfahrt: S 2 (Holzkirchen)   8 km, Wanderung

Leichte Wanderung durch schöne Hügellandschaft mit lohnenden Ausblicken. Reizvolle Teilstücke durch Wald.

Vom Bahnhof gehen wir nach links in südlicher Richtung über die Münchner Straße, schwenken wieder links in die Rosenheimer Straße ein und unterqueren die Bahn, um dann gleich erneut links in die Erlkamer Straße einzubiegen. Wir folgen dieser Straße, zunächst parallel zu den Gleisen, dann biegen wir halbrechts ab und verlassen den Ort durch den Ortsteil Neuerlkam. Auf asphaltierter Straße gewinnen wir etwas Höhe und haben nun zwischen Holzkirchen und der Ortschaft Erlkam gute Sicht auf die Stadt und (bei gutem Wetter) die Alpen.
Von Erlkam geht es in östlicher Richtung durch die weite Flur, an einem Einzelgehöft vorbei und über die Autobahn. Wenig später wenden wir uns nach links und erreichen von Süden kommend den Weiler Aberg. Hier schwenkt unser Weg wieder nach Osten. Diese Richtung behalten wir nun über eine längere Strecke, immer im Wald bleibend, bei. Nach knapp einem Kilometer erreichen wir die Fahrstraße nach Kreuzstraße, die wir überqueren und jenseits auf einem parallelen Forstweg in etwa einem Kilometer Entfernung in östlicher Richtung weiterwandern. Kurz vor der Kreuzung, die dem Ort den Namen gab, geht es zurück auf die Fahrstraße, an der Kreuzung dann nach rechts. Nach etwa 200 Meter ist dann der S-Bahnhof erreicht.

Rückfahrt: S 1 ab Kreuzstraße

Sehenswert: Pfarrkirche St. Laurentius in Holzkirchen: Nach vielen Bränden Umbau zur heutigen Kirche 1711, der Turm wurde 1840 abgetragen und 1857 wiedererrichtet. Ursprüngliche Einrichtung fast ganz beseitigt. Beachtenswert: Spätgotische Gruppe Anna Selbdritt (um 1500).

Liebfrauenkapelle auf dem Friedhof Holzkirchen: 1639 als Pestkapelle errichtet.

Roggersdorf und Haid

Wanderbahnhof: Holzkirchen Markierung: grünes Dreieck
Anfahrt: S 2 (Holzkirchen) 6 km, Wanderung

*Ein ausgedehnter Spaziergang durch überwiegend flaches Acker-
land, schöne Waldpartien, stellenweise unbefestigte, feuchte Pfa-
de; einige lohnende Aussichtspunkte.*

Am Bahnhofsplatz wenden wir uns nach rechts und gehen auf
der Münchner Straße weiter nach Nordwesten bis zur Kohlstatt-
straße, in die wir links einbiegen. Wir bleiben auf dieser geteerten
Straße, die uns nach Roggersdorf, einem kleinen Ort aus wenigen Gehöften, führt. Hier halten wir uns links und wandern in
südlicher Richtung auf den Wald zu und biegen, wenn wir ihn
erreicht haben, erneut links ein, folgen dem Waldsaum in
westlicher Richtung; zur Linken liegen weite Felder in leicht
ansteigendem Gelände. Nach einer kurzen Waldpassage erreichen wir wieder freies Feld und haben nun Holzkirchen vor uns.
Über die Roggersdorfer Straße und das Schlußstück der Baumgartenstraße kommen wir zur Münchner Straße, auf der wir links
einbiegend zum Wanderbahnhof zurückgehen.
Rückfahrt: S 2 ab Holzkirchen
Sehenswert: Pfarrkirche St. Laurentius in Holzkirchen

Hackensee – Kloster Reutberg – Kirchsee

Wanderbahnhof: Holzkirchen	Markierung: grüner Ring
Anfahrt: S 2 (Holzkirchen)	26 km, Tour

Sehr abwechslungsreiche, aber auch anstrengende Wanderung, die gute Kondition erfordert. Der Weg belohnt mit idyllischen Fleckchen, schönen Waldpassagen und bietet bei guter Sicht herrliche Ausblicke in die weite Landschaft und auf die Berge.

Wir verlassen den Bahnhof nach links und gehen über die Münchner Straße in Richtung Ortsmitte. Über den Oskar-von-Miller-Platz kommen wir zum Marktplatz mit der Pfarrkirche St. Laurentius. Hier biegen wir rechts in die Tölzer Straße ein und gehen auf ihr weiter, nehmen dann nach rechts die Holzstraße und wieder links die Baumgartenstraße. An der Wohnsiedlung zweigt unser Weg nach rechts ab und führt nun in einigen Windungen hinunter zum Wald. Hier endet die Asphaltierung. Wir wandern auf dem Waldweg weiter, erreichen die Lichtung des Weilers Baumgarten und wenden uns nun noch vor dem Gehöft nach links. Unser Feldweg führt wieder in den Wald, den wir aber bald erneut verlassen und nun in einer weiten Lichtung mit Wiesen und Feldern den Weiler Buch vor uns haben. Hier geht es wieder nach links in südlicher Richtung auf geteerter Straße nach Kleinhartpenning. Wir durchqueren den Ort und wenden uns bei den letzten Höfen nach rechts. Dort geht es steil bergab hinunter in den Wald. Wenig später erreichen wir den idyllisch gelegenen Hackensee. Unser Weg verläuft nun nach links ab, bleibt im Wald, bis nach etwa einem Kilometer der Hof Pelletsmühl erreicht ist. Wir halten zunächst links auf den Hof zu, biegen aber dann noch vor dem Kirchenseebach nach rechts ein und wandern jetzt am Waldrand entlang auf festem Kiesweg, der leicht ansteigt und bald wieder in freies Feld führt, zum Hof Kögelsberg. Wir gehen durch den Hof und wieder bergauf auf geteerter Straße nach Stubenbach und von dort auf der Fahrstraße nach Reutberg.

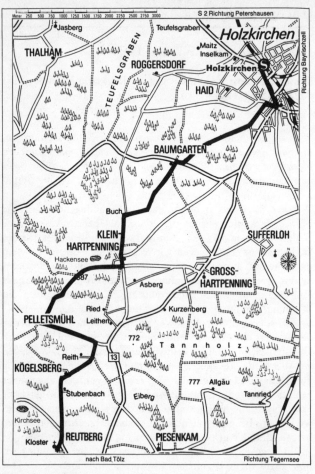

Zurück wandern wir auf der gleichen Route, kürzen den Weg in Holzkirchen jedoch über Baumgartenstraße bis zu deren Ende und Münchner Straße ab.

Rückfahrt: S 2 ab Holzkirchen

Sehenswert: Klosterkirche und Kapelle Unserer Lieben Frau von Loreto in Reutberg, eine der ältesten der Loreto-Kultur in Deutschland sowie die alte Klosterapotheke (1688).

Peiß und Kreuzstraße

Wanderbahnhof: Aying	Markierung: grünes Quadrat
Anfahrt: S 1	7 km, leichte Wanderung
(Richtung Kreuzstraße)	

Schöne, abwechslungsreiche Wanderung durch freies Feld und reizvolle Waldstücke.

Vom Bahnhof gehen wir über die Bahnhofstraße, eine lange gerade Allee, zum Dorf hinauf, biegen dann links in die Münchner Straße ein und wieder rechts in die Zornedinger Straße. Bei der Kirche St. Andreas biegen wir rechts in die Obere Dorfstraße und wenig später links in die Kaltenbrunner Straße ein. Auf dieser erreichen wir in weitem Bogen den Wald, durchqueren seinen äußersten Zipfel und wenden uns dann scharf rechts auf den Graßer Weg hinunter in den Ort Peiß. Hier folgen wir, ohne die Richtung zu ändern, ein Stück der Rosenheimer Landstraße und zweigen dann nach der Kirche links ab. Nach einer Rechts- und einer Linksbiegung verlassen wir auf diesem Straßerl den Ort, überqueren die Bahnlinie und wenden uns nun südwestlich. Auf einem Teerstraßerl wandern wir nun durch freies Feld mit Äckern und Wiesen zum Weiler Neugöggenhofen. Hier kommen wir in den Wald, den Ostteil des Hofoldinger Forsts, den wir auf fast schnurgeradem, festen Waldweg durchwandern. Kurz oberhalb des Straßenkreuzes von Kreuzstraße verlassen wir den Wald. Von hier sind es, immer in südlicher Richtung, auf der Fahrstraße in weitem Linksbogen leicht bergab, nur noch etwa 200 Meter bis zum S-Bahnhof.

Rückfahrt: S 1 ab Kreuzstraße
Sehenswert: Bauernmuseum Sixthof Aying, Kirche St. Andreas und Lamperti-Kapelle in Aying (s. S. 150).

Karte auf Seite 148

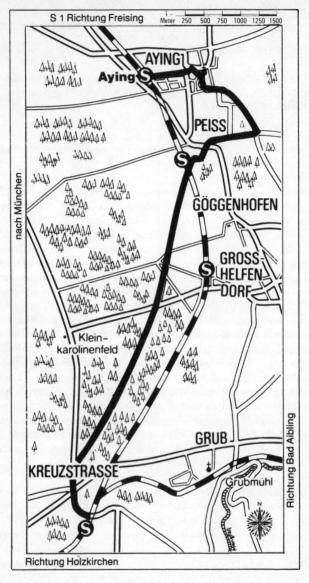

Maria Altenburg und Kirchseeon

Wanderbahnhof: Aying   Markierung: grünes Dreieck
Anfahrt: S 1   24 km, Tour
(Richtung Kreuzstraße)

Sehr reizvolle, aber anstrengende Tour durch offene Flur und schattige Waldpassagen. Bademöglichkeiten am Weg (Kastenseeoner See, Steinsee).

Vom Bahnhof gehen wir geradeaus durch die Bahnhofstraße hinauf in den Ort, dann links über die Münchner Straße und wieder rechts über die Zornedinger Straße bis zum Lindacher Weg. Dort biegen wir rechts ein und verlassen den Ort in östlicher Richtung. Nach kurzer Wanderung über Ackerland erreichen wir den Wald (Herrnholz/Südteil des Egmatinger Forsts). Nach etwa zweieinhalb Kilometer kommen wir zum Weiler Lindach, den wir durchqueren. Dann folgen wir nach rechts ein Stück der Fahrstraße, zweigen auf einen Feldweg in nordöstliche Richtung ab. Der Weg führt jetzt wieder durch Wald vorbei am Kastenseeoner See und weiter nördlich nach Kastenseeon, wo wir die Durchgangsstraße überqueren und uns dann halbrechts auf einem Feldweg zum Wald hin wenden. Nach einem schönen Abschnitt am Waldrand entlang erreichen wir Schlacht. Hier gehen wir ein Stück nordwärts auf der Fahrstraße, schwenken dann nach rechts und folgen einem Feldweg zum Wald (Fuchsberg). Wir durchqueren das Wäldchen, kommen dann wieder in offenes Land, passieren den Weiler Oberseeon und erreichen das Südufer des Steinsees. Eine kurze Strecke bleiben wir am Seeufer, treten dann wieder in Wald ein. Der Weg führt jetzt bergab und nach dem Griesbächl in die Gemarkung von Moosach. Auf geteerter Fahrstraße wandern wir das letzte Stück bis zum Ort und der Kirche. Nun gehen wir auf einem festen Kiesweg zum Weiler Deinhofen. Der Weg führt nun etwa zwei Kilometer durch schönen Mischwald nach Ilching. Dort biegen wir in östlicher Richtung ab und erreichen den Ortsrand

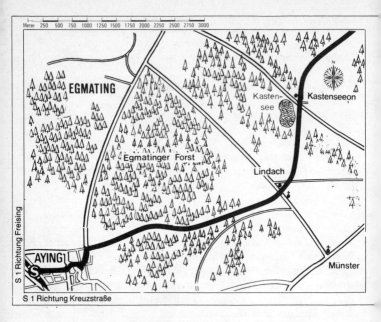

Fortsetzung siehe Karte Seite 151

von Kirchseeon. Wir wandern auf der Theodor-Haagn-Straße in den Ort, unterqueren die S-Bahnlinie und gehen rechts auf der Karl-Birkmaier-Straße, der Koloniestraße und der Fritz-Litzl-felder-Straße zum Bahnhof.

Rückfahrt: S 4 ab Kirchseeon

Sehenswert: Kirche St. Andreas in Aying: 1655 nach Brand der alten Kirche von 1632 neu erbaut (mit altem, spätgotischem Turm). Am südlichen Langhaus die Franziskuskapelle (1730). Lebensgroßes Kruzifix aus dem 17. Jahrhundert von ungewöhnlicher Ausdruckskraft. Lamberti-Kapelle auf dem Friedhof von Aying (um 1500). Heimathaus Sixthof bei Aying (Volkskundemuseum, von der Brauerei eingerichtet, nicht ständig geöffnet). Wallfahrtskirche St. Maria in Altenburg (Abstecher vom Wanderweg): um 1400 auf alter Burganlage erbaut. Blühender Wallfahrtsort vom 16. bis 18. Jahrhundert. Um 1710 barock erneuert, Stuckmarmorhochaltar von 1719 mit Muttergottes-Holzfigur (um 1500).

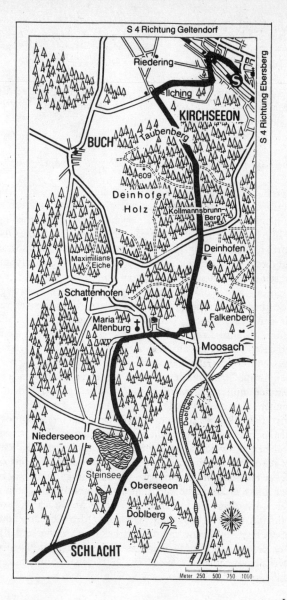

S 4 Richtung Geltendorf

Riedering

Ilching

S

KIRCHSEEON

S 4 Richtung Ebersberg

BUCH

Taubenberg

609

Deinhofer
Holz

Kollmannsbrunn-
Berg

Deinhofen

Maximilians-
Eiche

Schattenhofen

Falkenberg

Maria
Altenburg

Moosach

Doblbach

Niederseeon

Steinsee

Oberseeon

Doblberg

N

SCHLACHT

Meter 250 500 750 1000

St.-Emmeram-Rundweg

Wanderbahnhof: Aying
Anfahrt: S 1
(Richtung Kreuzstraße)

Markierung: grüner Ring
10 km, Tour

Abwechslungsreiche Wanderung durch schöne Hügellandschaft.

Vom Bahnhof wandern wir über die Bahnhofstraße – eine lange, gerade Allee – zum Dorf hinauf, biegen dann links in die Münchner Straße ein und wieder nach rechts in die Zornedinger Straße. Bei der Kirche St. Andreas gehen wir rechts in die Obere Dorfstraße und wenig später links in die Kaltenbrunner Straße. Auf dieser erreichen wir in weitem Bogen den Wald, durchqueren seinen äußersten Zipfel, kreuzen den Graßer Weg und gehen geradeaus weiter durch den Wald auf befestigtem Forstweg in südöstlicher Richtung. Nach etwa einem Kilometer verlassen wir den Wald. Durch Wiesen geht es nun ein kurzes Stück weiter, bis unser Weg in einen querverlaufenden Feldweg mündet. Hier halten wir uns rechts, überqueren wenig später die kreuzende Fahrstraße und wandern auf unserem Feldweg weiter nach Großhelfendorf. Beim Sportplatz halten wir uns links und kommen nun nach Kleinhelfendorf. Hier passieren wir St. Emmeram (rechter Hand) und gehen weiter zur Pfarrkirche. Dort schwenken wir links ein und verlassen den Ort in nordöstlicher Richtung und treten bald wieder in Wald ein. Bei Griesstätt erreichen wir wieder freies Feld und wenig später eine Fahrstraße, auf der wir nun immer weiter in nordöstlicher Richtung zum Weiler Heimathshofen wandern. Im Ort zweigt unser Weg hier nach links in westliche Richtung ab. Wir wandern durch die Heimathshofener Felder, durchqueren ein Waldstück und kommen nun nach Kaltenbrunn. Wenn wir den Ort durchquert haben, liegt vor uns noch ein Wegstück durch Ackerland, dann noch einmal ein 500 Meter langes Waldstück. Jetzt haben wir oberhalb von Peiß die Wegkreuzung Graßer-/Kaltenbrunner Straße erreicht und gehen zum S-Bahnhof Aying.

Rückfahrt: S 1 ab Aying

Sehenswert: Pfarrkirche St. Emmeram in Kleinhelfendorf: Umbau zur heutigen Gestalt 1668/69 (ursprüngl. romanisches Langhaus, 12. Jh.), gehört dank den Stukkaturen eines Miesbacher Meisters zu den reizvollsten kleineren Barockkirchen Bayerns. Marterkapelle des hl. Emmeram: Ein Zentralbau, der den Granitblock umschließt, auf dem der Heilige 652 zu Tode gemartert worden sein soll.

Peiß und Aying

Wanderbahnhof: Kreuzstraße   Markierung: grünes Quadrat
Anfahrt: S 1 (Kreuzstraße)   7 km, Wanderung

Zuerst auf festem Waldweg mit schönen Lichtungen, später auf kaum befahrener Teerstraße durch Wiesen und Felder.

Vom Bahnhof wandern wir die Fahrstraße nach links bergauf bis zur Straßenkreuzung (daher der Name Kreuzstraße). Nun gehen wir noch ein Stück geradeaus und biegen dann rechts in den Ostteil des Hofoldinger Forsts. Immer in nördlicher Richtung durchqueren wir den Wald auf fast schnurgeradem Forstweg. Beim Weiler Neugöggenhofen verlassen wir den Wald und folgen jetzt dem kaum befahrenen Teerstraßerl durch Wiesen und Felder nach Peiß. Kurz vor dem Ort überqueren wir die Bahngleise, halten uns nun rechts und dann wieder links bis zur Fahrstraße, in die wir bei der Kirche rechts einbiegen. Etwa 100 Meter weiter nehmen wir nach links leicht bergauf den Graßer Weg. Auf diesem bleiben wir nun bis zum Waldrand.
Hier zweigen wir nach links ab, durchqueren ein kleines Waldstück und gehen dann durch offene Flur nach Aying hinunter. Den Ort betreten wir auf der Kaltenbrunner Straße. Über die Obere Dorfstraße, die Zornedinger Straße und die Münchner Straße erreichen wir die Bahnhofstraße, auf der wir zur S-Bahn hinunterwandern.

Rückfahrt: S 1 ab Aying
Sehenswert: Kirche St. Andreas, Lamberti-Kapelle und Bauernmuseum Sixthof in Aying (s. S. 150).
Kirche St. Nikolaus in Peiß: Erbaut mit schlankem Kuppelturm (17. Jh.), einheitliche Ausstattung aus 17. Jahrhundert, gute Stuckdekoration, Hochaltar mit Figur des hl. Nikolaus (frühes 16. Jh.).

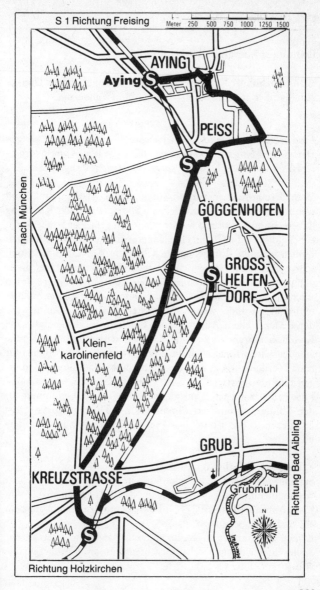

Rundweg: Mangfalltal – Grubmühle

Wanderbahnhof: Kreuzstraße   Markierung: grünes Dreieck
Anfahrt: S 1 (Kreuzstraße)   7 km, Wanderung

Eine schöne, aber nicht ganz leichte Wanderung mit einigen Steilstücken bergauf und bergab. Reizvolle Wald- und Uferpassagen im romantischen, tief eingeschnittenen Mangfalltal.

Vom Bahnhof gehen wir ein Stück zurück zur Fahrstraße und wenden uns dort nach rechts. Beim Sportplatz an der Kreuzung halten wir uns links und wandern nun auf geteerter Straße durch ein Waldstückchen, dann eine längere Strecke durch Felder nach Hohendilching. Wir gehen nach links in den Ort hinein und schwenken dann wieder nach rechts bis zur Kirche. Dort nehmen wir den steil abfallenden Weg ins Tal hinunter. Unten wechseln wir über den Steg auf das andere Mangfallufer hinüber und wandern links weiter. Auf festem Waldweg kommen wir dann nach steilem Aufstieg zum Hochufer der Mangfall nach Kleinhöhenkirchen. Vor der Gastwirtschaft und der Kirche wenden wir uns nun nach links und wandern durch offene Flur nach Norden zur Grubmühle, zu der unsere Straße in Windungen hinunterführt.
Hier gehen wir wieder ans andere Ufer und bleiben immer auf der waldigen Höhe des Hochufers bis Hohendilching. Dort nehmen wir die Route des Herwegs zurück zum Wanderbahnhof.

Rückfahrt: S 1 ab Kreuzstraße
Sehenswert: Wallfahrtskirche St. Mariä in Kleinhöhenkirchen: Kuppelturmkirche aus der Zeit um 1770. Deckengemälde von Josef Anton Höttinger (1773). Interessante Votivtafeln aus dem 18. und 19. Jahrhundert.
Kirche St. Andreas in Hohendilching: 1640 errichtet an der Stelle einer älteren Kirche. Beachtenswert zwei Altargemälde von Josef Schütz (1758).

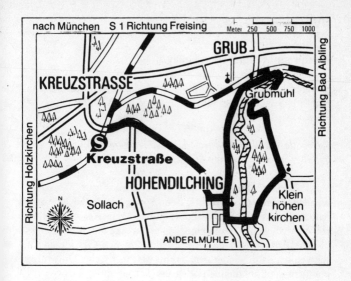

Rundweg: Mangfalltal – Valley

Wanderbahnhof: Kreuzstraße
Anfahrt: S 1 (Kreuzstraße)

Markierung: grüner Ring
7 km, Wanderung

Reizvolle Wanderung durch das schöne obere Mangfalltal; einige, aber nicht schwierige Steilstücke.

Vom Bahnhof gehen wir ein Stück zurück zur Fahrstraße, wenden uns dort nach rechts. Beim Sportplatz an der Kreuzung halten wir uns links und wandern nun auf geteerter Straße durch ein Waldstückchen, dann eine längere Strecke durch Felder nach Hohendilching. Wir gehen nach links in den Ort hinein und schwenken dann wieder nach rechts bis zur Kirche. Dort folgen wir dem steil abfallenden Weg ins Tal hinunter. Dann weiter geradeaus immer auf dem linken Mangfallufer flußaufwärts. Hier wechseln sich Wiesen, Buschwerk und kleine Waldungen ab. Wir wandern bis zur Brücke der Fahrstraße nach Valley. Ein Abstecher führt nach rechts steil hinauf zum Schloß.
Für den Rückweg überqueren wir die Mangfall und nehmen dann den reizvollen waldigen Uferweg bis zum Steg unterhalb von Hohendilching. Von dort geht es nun steil bergauf und dann auf der Route des Herwegs zur S-Bahn zurück.

Rückfahrt: S 1 ab Kreuzstraße
Sehenswert: Römischer Meilenstein im Garten der Schloßbrauerei Valley aus Großhelfendorf. Die Inschrift erklärt, daß Kaiser Septimus Severus anno 210 die Straße Salzburg – Augsburg wiederherstellen ließ.

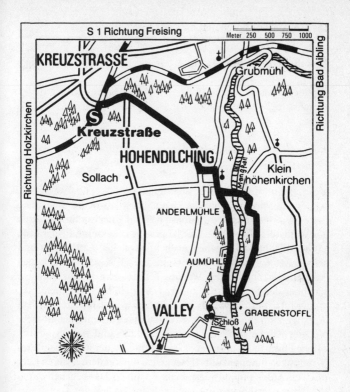

Kleinhelfendorf und Aying

Wanderbahnhof: Kreuzstraße   Markierung: grüner Punkt
Anfahrt: S 1 (Kreuzstraße)   16 km, Tour

Reizvolle Wanderung durch sehr abwechslungsreiche Land-
schaft, zahlreiche Waldstrecken und Steigungen.

Vom Bahnhof gehen wir ein Stück zurück zur Fahrstraße,
wenden uns dort nach rechts. Beim Sportplatz an der Kreuzung
halten wir uns links und wandern nun auf geteerter Straße durch
ein Waldstückchen, dann eine längere Strecke durch Felder nach
Hohendilching. Wir gehen nach links in den Ort hinein und
schwenken dann wieder nach rechts bis zur Kirche. Dort folgen
wir dem steil abfallenden Weg ins Tal hinunter. Unten wechseln
wir über den Steg auf das andere Mangfallufer und gehen links
weiter. Auf festem Waldweg kommen wir dann nach steilem
Aufstieg zum Hochufer der Mangfall nach Kleinhöhenkirchen.
Vor der Kirche wenden wir uns nach links und wandern durch
offene Flur nach Norden zur Grubmühle, zu der unsere Straße in
Windungen hinunterführt. Hier gehen wir auf dem anderen Ufer
noch ein Stück flußaufwärts, biegen dann rechts ab, gehen durch
die Bahnunterführung und bleiben zunächst auf der Teerstraße,
dann auf dem Feldweg nach Großhelfendorf. Wir erreichen den
Ort über die Gruber Straße und wandern durch die Bartenstraße,
die Dorfstraße und die Kirchenstraße nach Kleinhelfendorf.
Vorbei an St. Emmeram gehen wir weiter zur Pfarrkirche. Dort
schwenken wir links ein und verlassen den Ort in nordöstlicher
Richtung und treten bald wieder in Wald ein. Bei Griesstätt
erreichen wir wieder freies Feld, kommen wenig später auf eine
Fahrstraße und wandern auf ihr immer weiter in nordöstlicher
Richtung zum Weiler Heimathshofen. Im Ort zweigt unser Weg
hier nach links in westlicher Richtung ab. Wir wandern durch
Felder, durchqueren ein Waldstück und kommen nach Kalten-
brunn. Wenn wir den Ort durchquert haben, geht es durch
Ackerland und ein Wäldchen zur Wegkreuzung Graßer-/Kal-

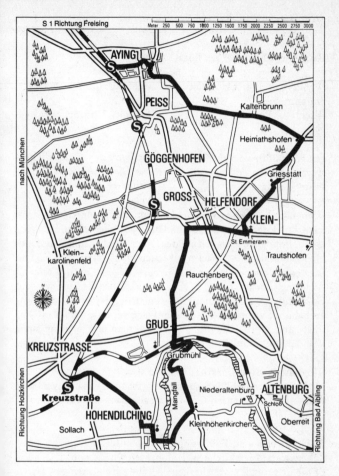

tenbrunner Straße. Von hier aus führt uns der Weg nach rechts und in weitem Bogen auf der Kaltenbrunner Straße nach Aying. Über die Obere Dorfstraße, die Zornedinger Straße und die Bahnhofstraße kommen wir zur S-Bahn.

Rückfahrt: S 1 ab Aying

Sehenswert: Pfarrkirche St. Emmeram und Marterkapelle des hl. Emmeram in Kleinhelfendorf (s. S. 153).

Rundweg: Ebersberger Forst

Wanderbahnhof: Eglharting   Markierung: grünes Quadrat
Anfahrt: S 4   (nicht im Forst)
(Richtung Ebersberg)   3,5 km oder 7 km, Spaziergänge

Schöne Waldspaziergänge auf festen Schotterwegen: zum Wald-sportpfad nach Pöring, zum Forsthaus Diana und nach Kirch-seeon.

Vom Bahnhof gehen wir zur Hauptstraße hinunter und dann nach links der Hauptstraße entlang. Wir biegen kurz danach erneut links ein und gehen auf dem Forstweg bis zum Waldrand. Hier halten wir uns zunächst auf festen Forstwegen nördlich und schwenken dann – immer auf Geräumtwegen – nach Westen in Richtung Pöring bis zum Spielplatz. Dort kehren wir auf Geräumtwegen wieder um und wandern nach Osten zum Wanderbahnhof zurück. Die Geräumtwege verlaufen etwa in Ost-west- und Nordsüdrichtung. So kann man eine beliebig lange Wanderroute wählen.

Alternative: **Zum Forsthaus Diana**
Im Forst der Beschilderung nach Forsthaus Diana folgen. Von dort auf schnurgeraden Geräumtwegen nach Kirchseeon.

Rückfahrt: S 4 ab Eglharting oder Kirchseeon
Sehenswert: Pfarrkirche St. Koloman in Kirchseeon: 1904 wur-de die ursprüngl. mittelalterliche Kirche durch einen gewaltigen Neubau ersetzt. In dem ehemaligen kleinen Kloster, das zur Kirche früher gehörte (eine Filiale von Ebersberg), soll Jakob Balde (1604–1668) einen Teil seiner lyrischen Dichtungen ge-schrieben haben.

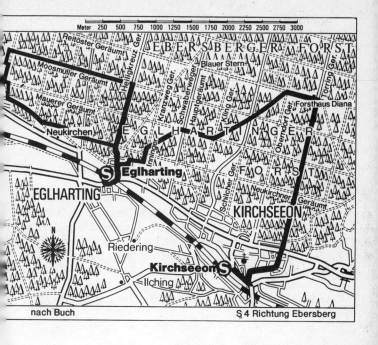

Ebersberger Forst und Eglharting

Wanderbahnhof: Kirchseeon   Markierung: grünes Quadrat
Anfahrt: S 4   (nicht im Forst)
(Richtung Ebersberg)   9 km, Wanderung

Sehr schöne Forstwanderung durch hohen Nadelwald.

Vom Bahnhof aus gehen wir geradeaus über die Münchner
Straße nach Norden durch den Ort, folgen dann ein Stück der
Bundesstraße in Richtung Ebersberg, gehen nach rechts den
Spannleitenberg hinauf und biegen nach etwa 150 Meter links
beim Waldfriedhof in den Forst ein. Von hier geht es auf
befestigten Kieswegen zum Forsthaus Diana und von dort in
westlicher Richtung auf Geräumtwegen nach Eglharting. Dort
verlassen wir den Wald und wandern über den Forstweg zum
nahen S-Bahnhof.

Rückfahrt: S 4 ab Eglharting
Sehenswert: Pfarrkirche St. Koloman in Kirchseeon (s. S. 162/
163); Tierfütterung (Schwarzwild).

Eggelburger See und Ebersberg

Wanderbahnhof: Kirchseeon   Markierung: grünes Dreieck
Anfahrt: S 4   10 km, Wanderung
(Richtung Ebersberg)

Eine besonders reizvolle Wanderung, sehr abwechslungsreich, Waldpassagen wechseln mit hügeligem Ackerland, schöne Aussichtspunkte (bei guter Sicht bis ins Gebirge).

Vom Bahnhof wenden wir uns gleich nach rechts und gehen durch die Wasserburger Straße in südöstlicher Richtung, nach etwa 500 Meter geht es halblinks weiter über die Ebersberger Straße, dann biegen wir nach etwa einem Kilometer rechts in die Colomanstraße ein, gehen an St. Coloman vorbei und schwenken nach links, um wenig später die Bundesstraße nach Ebersberg zu unterqueren. Die Colomanstraße geht hier in die Forstseeoner Straße über, der wir nach Forstseeon folgen. Wir

gehen durch den Ort und halten uns dann nach rechts in östlicher Richtung, gehen auf einem Feldweg über freies Feld auf den Wald zu. Weiter führt der Weg am Waldrand entlang, dann wieder durch offene hügelige Flur nach Vordereggelburg mit der weithin sichtbaren Kirche auf einer Anhöhe. Im Ort wenden wir uns links einbiegend nach Norden und wandern nach Hintereggelburg und zum Eggelburger See hinunter, an dessen Ufer ein Stück durch Vogelschutzgebiet hindurch, um dann in den Wald zu gelangen. Wir bleiben jedoch in der Nähe des Waldrandes. Nach etwa 500 Meter führt der Weg nun in südliche Richtung schwenkend aus dem Wald heraus und über eine schöne Allee mit alten Eichen hinunter zum südlichen Seezipfel. Dort wenden wir uns links und passieren auf einem schönen Spazierweg den Seeweberweiher, den Langweiher und den Klostersee, an dessen Ende wir rechts in die Eberhardstraße einbiegen. Über Richardisweg, Semptstraße und Sieghartstraße kommen wir zum Marienplatz mit dem mächtigen Rathaus. Von dort geht es über die Bahnhofstraße, vorbei an St. Sebastian, zum Bahnhof.

Rückfahrt: S 4 ab Ebersberg
Sehenswert: Rathaus und ehem. Klosterkirche St. Sebastian in Ebersberg (s. S. 172/73).

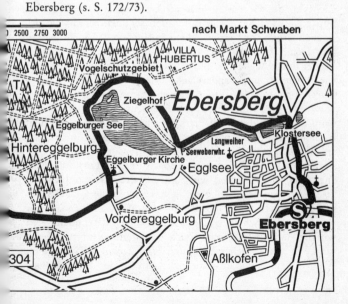

Rundweg: Wallfahrt Maria Altenburg

Wanderbahnhof: Kirchseeon   Markierung: grüner Ring
Anfahrt: S 4   15 km, Tour
(Richtung Ebersberg)

Abwechslungsreiche Landschaft mit idyllischen Flecken, schönen Ausblicken und schönen Waldpartien.

Vom Bahnhof wenden wir uns nach links und gehen durch die Fritz-Litzlfelder-Straße und die Koloniestraße zur Karl-Birk-maier-Straße, der wir nach links folgen, die S-Bahn-Strecke unterqueren und auf der Theodor-Haagn-Straße aus dem Ort herauswandern. Wenig später schwenken wir nach rechts ein und wandern jetzt durch ein Waldstück, nach dessen Verlassen wir bald in westlicher Richtung auf einem Feldpfad den Weiler Ilching erreichen. Hier wenden wir uns nach links in südliche Richtung, die wir nun bis Moosach beibehalten. Der Weg führt nun etwa zwei Kilometer durch den schönen Mischwald des Taubenberges, dann erreichen wir in einer weiten Lichtung das Gut Deinhofen. Von hier führt ein fester Kiesweg – anfangs wieder durch Wald – nach Moosach. Am Ortsrand biegen wir nach rechts ein und wandern auf Maria Altenburg zu, der Wall-fahrtskirche auf der Anhöhe (kurzer Abstecher). Bald erreichen wir wieder die Fahrstraße, folgen ihr erneut ein Stück und biegen dann unterhalb der Wallfahrtskirche links ein und folgen dem Bachlauf mit den Fischweihern. Der Weg setzt sich durch Wald am Bachlauf der Moosach entlang fort. Auf festen Waldwegen sind einige leichte Steigungen zu überwinden und in nordwestli-cher Richtung kommen wir zum auf einer weiten Lichtung gelegenen Gut Schattenhofen. Wir passieren die Gehöfte und wandern wieder nach Norden auf den Wald zu, dann immer weiter durch Hochwald. Nach etwa zwei Kilometer überqueren wir die Asphaltstraße nach Buch und wandern nun im Wald weiter in nordöstlicher Richtung. Nach einem Hochmoos im Wald erreichen wir im Taubenbergbereich den Weg, der uns

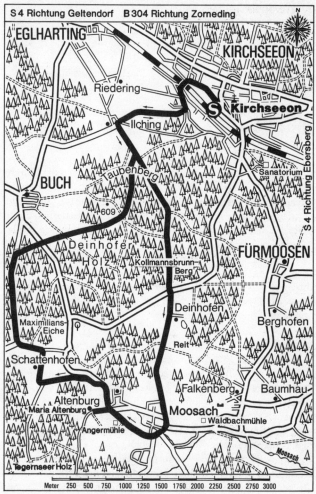

nach Gut Deinhofen geführt hat. Wir biegen links ein und nehmen von hier über Ilching die Route des Herwegs nach Kirchseeon.

Rückfahrt: S 4 ab Kirchseeon

Sehenswert: Wallfahrtskirche Maria Altenburg (s. S. 150).

Gspreiter See und Grafing

Wanderbahnhof: Ebersberg   Markierung: grünes Quadrat
Anfahrt: S 4 (Ebersberg)   4 km, Spaziergang

Spaziergang durch freundliches, hügeliges Ackerland, wenig Schatten, meist feste Feldwege.

Am Bahnhof wenden wir uns nach rechts, erreichen die Durchgangsstraße und gehen gleich wieder rechts durch die Bahnunterführung. Von hier aus geht es immer geradeaus durch die Hindenburgallee, vorbei am Friedhof und am Riederhof durch freies Feld auf festen Waldwegen, bis der Gspreiter See (Bademöglichkeit) erreicht ist.
Dort gehen wir nach rechts ein Stück am Seeufer entlang, erreichen dann die Fahrstraße, von der wir gleich wieder links abbiegen und auf schnurgeradem Feldweg nach Grafing weiterwandern. Den Ort erreichen wir über die Rotterstraße, den Markt und die Bahnhofstraße.

Rückfahrt: S 4 ab Grafing-Stadt
Sehenswert: Pfarrkirche St. Ägidius in Grafing: Unter Benutzung von gotischem Mauerwerk im Altarraum 1692 als Wandpfeileranlage vom Grafinger Maurermeister Thomas Mayr neu erbaut. Schöner, weiträumiger Kirchenbau mit sparsamem Rokokostuck am Gewölbe, stattlicher Hochaltar vom Kistlermeister Hildebrand aus Markt Schwaben (um 1770), aus der gleichen Zeit reich vergoldete Rokokoseitenaltäre.
Dreifaltigkeitskirche in Grafing: »Marktkirche«, kleiner, ansprechender Barockbau, 1672 erbaut. Stuckdekorationen und Deckengemälde von Johann Baptist Zimmermann (1748). Etwa gleichzeitig entstand auch der Rokokoaltar mit Figuren von St. Florian und St. Georg von Johann Baptist Straub.
Leonhardskirche in Grafing (1720).

Klostersee und Eggelburger See

Wanderbahnhof: Ebersberg   Markierung: grüner Ring
Anfahrt: S 4 (Ebersberg)   8 km, Wanderung

*Abwechslungsreicher Spaziergang mit schönen Aussichten, Teil-
stücke an Seeufern und durch parkähnlichen, lichten Mischwald.*

Vom Bahnhof gehen wir rechts über die Bahnhofstraße zum
Marienplatz, biegen dort rechts in die Sieghartstraße ein, behalten nördliche Richtung bei und kommen über Semptstraße und
Richardisweg zur Eberhardstraße und zum Klostersee. Am
Nordufer schwenken wir auf den Seeuferweg nach Westen ein
und folgen ihm vorbei am Langweiher und am Seeweberweiher,
hinter dem wir bald das Südufer des Eggelburger Sees erreichen.
Wir wandern weiter in nördlicher Richtung zum Ziegelhof und
durch die Kastanienallee zum Waldrand. Dort geht es weiter in
westlicher, dann südlicher Richtung um den Eggelburger See
herum, durch Hintereggelburg. Unterhalb der Kirche auf dem
Hügel wenden wir uns nach links und kommen nach kurzer
Wanderung durch Wiesen nach Egglsee und zum Seeweberweiher.
Zurück haben wir nun die Route des Herwegs vor uns.

Rückfahrt: S 4 ab Ebersberg
Sehenswert: Ehemalige Klosterkirche St. Sebastian in Ebersberg: Der heutige dreischiffige, eindrucksvolle Kirchenraum
entstand durch barocke Verkleidung einer spätgotischen Halle
von Erhard Randeck (1481–84), bei der interessante mittelalterliche Teile erhalten blieben: Die spätromanische, geschlossene
Vorhalle und die Kreuzgewölbe in den Erdgeschossen beider
Türme (um 1230). Der imposante Hochaltar von 1770 wird
Meister Hildebrand aus Markt Schwaben zugeschrieben. Beachtenswert: Das Hochaltarblatt der 1808 abgebrochenen Kirche
St. Valentin von Johann Christoph Storer und das Gemälde des
heiligen Nikolaus von Johann Degler (1699). In der Sakristei

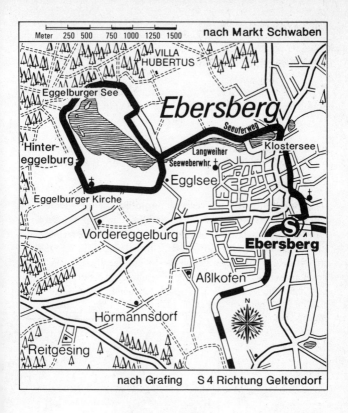

Holzfiguren des heiligen Antonius und der Magdalena aus der Werkstatt von Ignaz Günther (um 1760). Links von der Sakristei führt eine enge Stiege zur Sebastianskapelle, 1668 angelegt und überreich stukkiert. Im Altar die um 1480 getriebene Büste St. Sebastians, sie gilt als eine der besten bayerischen Silberarbeiten des Mittelalters.

Rathaus Ebersberg: Mächtiger gotischer Profanbau, 1529 als Hofwirtschaftshaus des einstigen Augustinerchorherrenklosters erbaut. In der ehemaligen Gaststube Holzdecke mit gotischen Flachschnitzereien.

Eggelburger See und Kirchseeon

Wanderbahnhof: Ebersberg   Markierung: grünes Dreieck
Anfahrt: S 4 (Ebersberg)   9 km, Wanderung

Eine reizvolle Wanderung durch sehr abwechslungsreiche Landschaft mit schönen Aussichtspunkten und vogelreichen Uferpartien.

Vom Bahnhof gehen wir rechts hinunter zur Bahnhofstraße und auf dieser links weiter, vorbei an St. Sebastian zum Marienplatz. Über die Sieghartstraße, Semptstraße, den Richardisweg und die Eberhardstraße kommen wir zum Klostersee. Hier biegen wir am Nordufer links ein, gehen weiter am See entlang, passieren den Langweiher und den Seeweberweiher und erreichen schließlich den Eggelburger See. Dort biegen wir rechts ein, kommen

bald zum Ziegelhof und zum nördlichen Seeufer, einem Vogelschutzgebiet. Ein gutes Stück geht es nun nach Westen zwischen
Seeufer und Waldrand entlang, dann auf Feldweg, ein Stück vom
Ufer enfernt, durch Wiesen in südlicher Richtung nach Hintereggelburg, vorbei an der weithin sichtbaren Eggelburger Kirche
auf einer Anhöhe und weiter nach Vordereggelburg. Hier
schwenken wir nach rechts auf einen Feldweg ein, der durch
weite Flur, dann durch ein Waldstück und erneut durch offene
Felder nach Forstseeon führt. Von dort wandern wir auf der
Kirchseeoner Straße, später heißt sie dann Colomanstraße, unter
der Bundesstraße hindurch nach Kirchseeon.
Über die Ebersberger Straße und die Wasserburger Straße
kommen wir zum S-Bahnhof Kirchseeon.

Rückfahrt: S 4 ab Kirchseeon
Sehenswert: Ehemal. Klosterkirche St. Sebastian in Ebersberg
(s. S. 172/73).

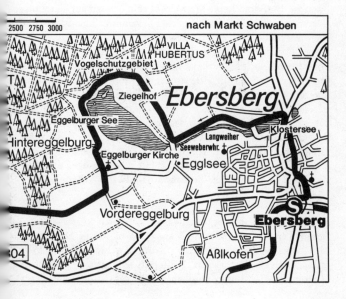

Ebersberger Forst – Markt Schwaben

Wanderbahnhof: Ebersberg   Markierung: grüner Punkt
Anfahrt: S 4 (Ebersberg)   20 km, Tour

Gut die halbe Strecke durch den schönen Staatsforst mit leichten Steigungen, später durch Äcker und Wiesen auf festen Feldwegen.

Vom Bahnhof gehen wir rechts hinunter zur Bahnhofstraße und auf dieser links weiter, vorbei an St. Sebastian zum Marienplatz. Über die Sieghartstraße, Semptstraße, den Richardisweg und die Eberhardstraße erreichen wir den Klostersee. Am Norduser biegen wir links ein, verlassen aber gleich wieder den Uferweg und gehen rechts in die Heldenallee. Unterhalb des Aussichtsturmes auf der Ludwigshöhe schwenken wir beim letzten Gehöft nach links ein und gehen dann im Bogen nach rechts auf den Forst zu. Im Forst (keine Markierung) bleiben wir auf Geräumtwegen nahe der Fahrstraße nach Forstinning; hier ist auf die Richtungsschilder der Forstverwaltung zu achten. Später erreichen wir den Viereichenweg und wandern auf diesem aus dem Forst heraus nach Schwaberwegen und Forstinning. Durch den Ort gehen wir über die Parkstraße, die Münchner Straße, dann über die Graf-von-Sempt-Straße und den Kirchweg. Auf befestigtem Feldweg wandern wir nun in nordwestlicher Richtung zur Kressirmühle und durch das Schwabner Moos nach Markt Schwaben, das wir auf der Graf-von-Sempt-Straße erreichen. An ihrem Ende biegen wir rechts in die Ebersberger Straße ein, überqueren später den Marktplatz und kommen über die Herzog-Ludwig-Straße und die Bahnhofstraße zur S-Bahn.

Rückfahrt: S 6 ab Markt Schwaben
Sehenswert: Pfarrkirche St. Margaretha in Markt Schwaben: 1671 vom Schlierseer Meister Georg Zwerger erbaut, 1950 restauriert. Hochaltar von 1680 mit sehr großen seitlichen Figuren der Grafinger Bildhauer Andreas Köfler und Peter

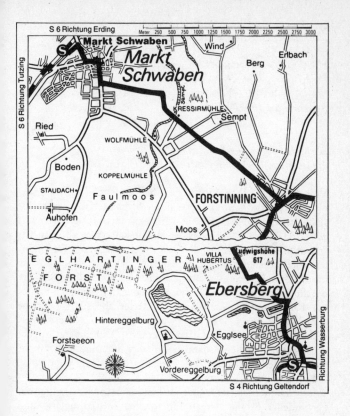

Hoelln. Zwei Seitenaltäre mit naturalistischem Blumendekor (1704 und 1718). Im Altarraum eine Holzfigur der heiligen Margaretha (um 1500).

Haselbach – Oberndorf – Oberlaufing

Wanderbahnhof: Ebersberg   Markierung: grüner Balken
Anfahrt: S 4 (Ebersberg)   8 km, Wanderung

Abwechslungsreiche Landschaft mit schönen Aussichtspunkten, meist offene Flur, einige stärkere Steigungen.

Vom Bahnhof gehen wir über die Bahnhofstraße zum Marienplatz. Von dort geht es rechts in die Sieghartstraße und wenig später erneut rechts in die Abt-Häfele-Straße. Von dieser zweigt etwa 250 Meter weiter links der Haselbacher Weg ab, dem wir folgen. Am Ortsende wandern wir durch Wiesen ins Tal hinunter, überqueren den Steg über den Bach; dann geht es – ein Stück am Waldrand entlang – recht steil hinauf nach Haselbach. Bei der Kirche St. Margaretha gehen wir rechts den Berg wieder hinunter zur Kumpfmühle. Nach etwa 100 Meter überqueren wir die Bundesstraße nach Wasserburg und wandern das Teerstraßerl rechts die Anhöhe hinauf nach Oberndorf. Durch den Ort geht es zunächst in östlicher, dann in südlicher Richtung, später mehr nach Westen ein Stück auf Asphaltstraße, dann über einen Feldweg nach Oberlaufing.
Wir durchqueren den Ort, wenden uns dann wieder nördlich auf gewundener Straße bergab, überqueren die Bahngleise und erreichen schließlich die Durchgangsstraße (Wasserburger Straße), auf der wir links einbiegend zum Bahnhof zurückkommen.

Rückfahrt: S 4 ab Ebersberg
Sehenswert: Ehem. Klosterkirche St. Sebastian und das Rathaus in Ebersberg (s. S. 172/73).

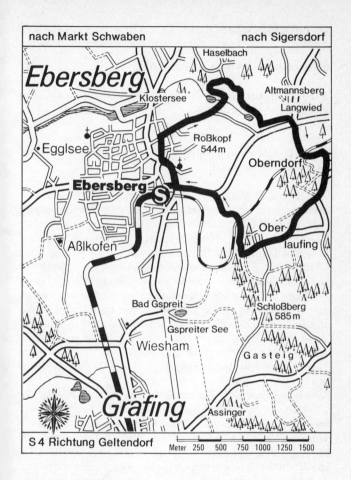

Langengeisling und Altham

Wanderbahnhof: Erding
Anfahrt: S 6 (Erding)

Markierung: grünes Quadrat
11,5 km, Wanderung

Überwiegend Feldwege durch offenes, ebenes Gelände, ein gutes Stück durch Stadtgebiet.

Vom Bahnhof Erding wandern wir in westlicher Richtung durch die Geheimrat-Irl-Straße und geradeaus über den Rudolfsteg zum Grünen Markt. Auf der Zollner Straße kommen wir nach Überquerung der Landshuter Straße zum Rathaus und zum »Schönen Turm«. Vom Schrannenplatz aus gehen wir nun nach Norden über die Lange Zeile und Am Gries, dann durch die Fußgängerunterführung zum Sport- und Tennisplatz. Nun führt der Weg durch eine Kleingartenanlage und weiter nach Norden auf einem Feldweg bis zur Feldkapelle. Auf der Erdinger Straße und der Fehlbachstraße kommen wir zur Ortstafel Langengeisling. Hier biegen wir rechts ein. Hinter der Semptbrücke gehen wir ein kurzes Stück auf der Lindenstraße bis zur Kreuzung, dann auf der Pfarrer-Kerer-Straße und der Geislinger Straße immer nahe der Sempt nach Altham.
Kurz hinter dem Ortsrand halten wir uns links, gehen über die Semptbrücke (Wasserfall) und nehmen den Feldweg in westlicher Richtung. Hinter der Fehlbachbrücke wenden wir uns nach Süden und wandern nun durch freie Flur auf Feldwegen nach Erding-Siglfing und durch den Ort hindurch. Auf der Breslauer Straße und der Gemeinschaftsstraße kommen wir zum Fehlbach, nehmen die Fußgängerbrücke zur Kleingartenanlage und wandern nun nach rechts stadteinwärts zum S-Bahnhof zurück.

Rückfahrt: S 6 ab Erding
Sehenswert: Pfarrkirche St. Martin in Langengeisling (s. S. 182).

Meter 250 500 750 1000 1250 1500 1750 2000

Altham

Saubach

Sempt

LANGENGEISLING

Siglfing

KEHR

ST. PAUL

Erding

S

Erding

S 6 Richtung Tutzing

Langengeisling-Rundweg

Wanderbahnhof: Erding   Markierung: grünes Dreieck
Anfahrt: S 6 (Erding)   7 km, Wanderung

Überwiegend auf Feldwegen, meist ebenes Gelände mit wenig Schatten.

Vom Bahnhof Erding gehen wir nach rechts in nördlicher Richtung auf der Straße Am Bahnhof, dann durch die Landgestütstraße, über die Landshuter Straße hinweg nach St. Paul. An der Kirche vorbei wandern wir auf der Sportfeldstraße weiter, überqueren die Sempt und kommen zum Sport- und Tennisplatz und der angrenzenden Kleingartenanlage. Von hier führt der Weg nach Norden bis zur Feldkapelle. Auf der Erdinger Straße und der Fehlbachstraße kommen wir zur Ortstafel Langengeisling. Hier biegen wir rechts ein. Hinter der Semptbrücke gehen wir ein kurzes Stück auf der Lindenstraße bis zur Kreuzung, dann auf der Pfarrer-Kerer-Straße zur Pfarrkirche St. Martin. Südlich der Kirche folgen wir der rechts abzweigenden Lindenstraße und biegen dann links auf den Semptweg ein. Weiter flußaufwärts wandern wir auf dem anderen Ufer weiter, bis wir die Fehlbachstraße erreichen. Für den weiteren Weg bieten sich nun zwei Möglichkeiten:
a) auf der Fehlbachstraße nach links bis zur Alten Römerstraße; auf dieser nach rechts weiter bis zum St.-Paul-Weg und auf der Route des Hinwegs zurück zum S-Bahnhof;
b) auf der Fehlbachstraße nach rechts über die Semptbrücke und bis zur Ortstafel, dort nach links und in westlicher Richtung bis zur Brücke über den Fehlbach, von dort bachaufwärts über die Fehlbachstraße und die Freisinger Straße in die Stadt zurück.

Rückfahrt: S 6 ab Erding
Sehenswert: Pfarrkirche St. Martin in Langengeisling: Stattlicher Rokokobau, der Altarraum im Mauerwerk noch spätgotisch, barock überbaut. Nur wenig Stuckzierrat, sonst gemalte

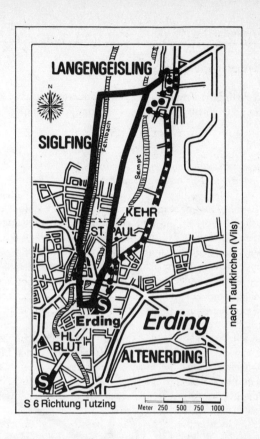

Rahmenornamentik für das große einheitliche Deckengemälde (1767, wohl von Michael Heigl). Hochaltar (1745) von Johann Michael Hiernle. Kanzel und vorzüglich geschnitzte Türen am Süd- und Nordportal aus der ersten Hälfte des 18. Jahrhunderts.

Aufkirchener Rundweg

Wanderbahnhof: Erding
Anfahrt: S 6 (Erding)

Markierung: grüner Punkt
9 km, Wanderung

Überwiegend auf Feldwegen durch offene Landschaft ohne Steigungen, ein Teilstück reizvoller Altstadtspaziergang.

Vom Bahnhof Erding wandern wir in westlicher Richtung durch die Geheimrat-Irl-Straße und geradeaus über den Rudolfsteg zum Grünen Markt. Auf der Zollner Straße kommen wir nach Überquerung der Landshuter Straße zum Rathaus und zum »Schönen Turm«. Vom Schrannenplatz gehen wir nun nach Norden über die Lange Zeile und durch die Freisinger Straße und biegen dann links in den Rennweg ein. Auf diesem überqueren wir die Siglfinger Straße und gehen weiter zum Haggenmillerkeller. Von hier geht es auf Feldwegen in westlicher Richtung durch freies Feld nach Aufkirchen. Dort mündet unser Weg in die Straße Erding–Goldach ein, der wir nach links folgen und dann nach rechts den Kirchenhügel hinaufgehen. Von hier wandern wir wieder hin-

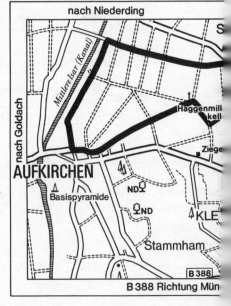

184

unter zur Straße Erding–Goldach, auf dieser ein Stück nach links, bis rechts ein Feldweg nach Norden abzweigt. Auf diesem erreichen wir das Ufer des mittleren Isarkanals, dem wir nun nach Norden folgen. Bei der nächsten Brücke biegen wir in den Feldweg nach Osten ein, der beim Trindlkeller in die Freisinger Straße einmündet. Von hier können wir den weiteren Rückweg entweder über die Freisinger Straße nach rechts und dann auf der Route des Herwegs nehmen oder nach rechts durch die Rudolf-Diesel-Straße und den Rennweg, an der Berufsschule vorbei, in die Innenstadt zurückgehen.

Rückfahrt: S 6 ab Erding
Sehenswert: Pfarrkirche Johannes der Täufer in Aufkirchen: Geräumiger Saalbau aus der Zeit um 1760 in bemerkenswerter Lage auf einer Anhöhe. Malerischer Rokokodekor ohne Stuck im Inneren. Schöne Rokokoaltäre, am Hochaltar Figuren von Christian Jorhan d. Ä., 1771. Eigentümliche rechteckige Kanzel aus der ersten Hälfte des 18. Jahrhunderts.

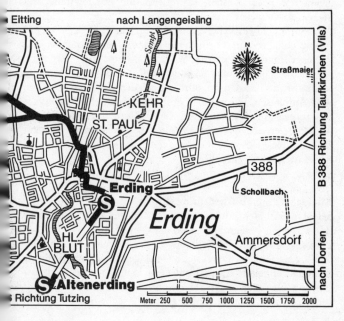

Itzling – Aufhausen – Bergham

Wanderbahnhof: Markierung: grüner Ring
Erding oder Altenerding   12 km, Tour
Anfahrt: S 6 (Erding)

Herrliche Aussicht von Itzling und später vom westlichen Ende der Eichenallee beim Schloß Aufhausen auf das Sempttal, Erding und Altenerding.

Vom S-Bahnhof Erding wandern wir durch den Stadtpark, dann über den Von-Grainger-Weg, die Pfarrer-Fischer-Straße und die Schulfeldstraße zum Bahnhof Altenerding. Von hier gehen wir nach Westen, überqueren die Bundesstraße und biegen etwas weiter westlich hinter dem Wasserwerk auf den Feldweg in südwestlicher Richtung ein. Diesem folgen wir bis Itzling, bleiben am nördlichen Ortsrand und kommen zur Itzlinger Lohe. Am Ende des Waldes schwenkt unser Weg dann nach Süden, bis wir den Rand des Burgholzes erreichen. Hier biegen wir nach Osten ein, durchqueren den Wald und erreichen bald Aufhausen, wo unser Weg in die asphaltierte Schloßallee einmündet. Hier wenden wir uns nach Norden. An der Pretzener Straße erreichen wir die Bahnlinie und nehmen nun den gut zu gehenden Feldweg auf der anderen Seite entlang den Gleisen nach Altenerding zurück.

Rückfahrt: S 6 ab Altenerding (Erding).
Sehenswert: Herderhäusl bei Bergham, ein altes Hirtenhaus (Holzbau mit hohem Strohdach aus dem 17. Jh.).
Pfarrkirche Mariä Verkündigung in Altenerding: 1724 an der Stelle der früheren Pfarrkriche (1464 geweiht) vom Erdinger Stadtmaurermeister Anton Kogler errichtet. Reiche Rokokoausstattung, Deckengemälde der Heiligen Familie und der Marienverherrlichung von Martin Heigl (1767), schöner Hochaltar in

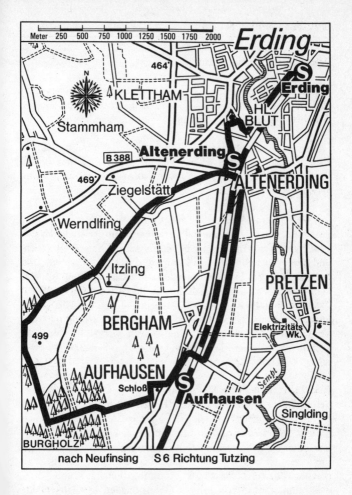

Säulenaufbau nach Entwurf des Dorfeners Matthias Fackler. Figuren der Seitenaltäre, 12 Apostel im Altarraum und Schiff, schifförmige Kanzel und Orgelfiguren von Hand und Werkstatt Christian Jorhans d. Ä.

Pretzen und St. Kolomann

Wanderbahnhof: Markierung:
Altenerding   senkrechter grüner Balken
Anfahrt: S 6 (Richtung Erding)   8 km, Wanderung

Auf Feldwegen durch offene Flur, Teilabschnitte durch den Stadtpark, an der Sempt entlang und durch Freizeit- und Sportgelände.

Vom S-Bahnhof Altenerding führt unser Weg durch die Bahnhofstraße zur Altenerdinger Pfarrkirche. Auf der Landgerichtstraße gehen wir nun nach Süden, bis wir die Sempt erreichen, und wandern dann am Fluß entlang durch das Freizeit- und Sportgelände bis Pretzen. Von dort führt unser Weg auf verkehrsarmer Teerstraße nach Süden ins Altenerdinger Moos. Nach eineinhalb Kilometer Wanderung durch das Moos, das letzte Stück nahe der Sempt, stoßen wir auf die Verbindungsstraße Wörth–St. Kolomann. Hier biegen wir rechts ein und kommen nach einem kurzen Wegstück zum S-Bahnhof.

Rückfahrt: S 6 ab St. Kolomann
Sehenswert: Wallfahrtskirche Hl. Blut in Erding/Altenerding: Geräumige Anlage an der Stelle der einstigen spätgotischen Kirche, 1675 vom Erdinger Maurermeister Hans Kogler errichtet. Unter dem Altarraum ist eine kreuzförmige Krypta angelegt, um den Ort des legendären Hostienwunders zugänglich zu machen. Die reiche Stuckdekoration im tonnengewölbten Kirchenraum stammt von Johann Georg Baader, Deckengemälde 1704 erneuert. Hochaltar, zwei Seitenaltäre und große Kanzel aus dem Ende des 17. Jahrhunderts. Wertvolles Meßgerät und interessante Votivtafeln.

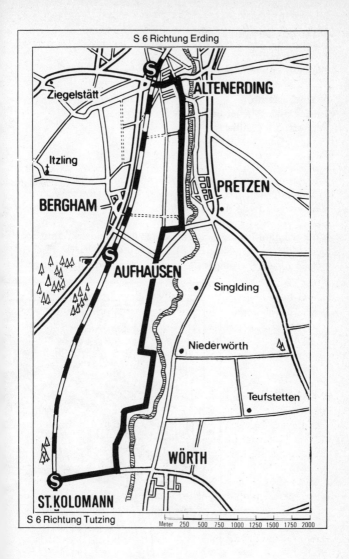

S 6 Richtung Erding

Ziegelstätt

S ALTENERDING

Itzling

PRETZEN

BERGHAM

S AUFHAUSEN

Singlding

Niederwörth

Teufstetten

WÖRTH

S ST. KOLOMANN

S 6 Richtung Tutzing

Meter 250 500 750 1000 1250 1500 1750 2000

Neuhausen – Kiefing – Salmannskirchen

Wanderbahnhof: Markierung: grünes Kreuz
Erding oder Altenerding   14 km, Tour
Anfahrt: S 6 (Erding)

Überwiegend auf Feldwegen durch offene Flur mit geringen Höhenunterschieden, Teilstücke auf verkehrsarmen Teerstraßen, einige schöne Aussichtspunkte.

Vom Bahnhof Erding gehen wir durch den Stadtpark, dann über den Von-Grainger-Weg, die Parkstraße und die Pfarrer-Fischer-Straße zur Altenerdinger Pfarrkirche. Von dort gehen wir nach

links in die Bahnhofstraße, überqueren den Hofmarkplatz und gehen auf der Ardeostraße bis zur Hohenlindener Straße, die wir überqueren, worauf wir weiter auf der Fuchsbergstraße in östlicher Richtung den Ort verlassen. Unser Weg führt nun durch freie Flur. Bei Neuhausen erreichen wir eine Asphaltstraße, die uns in südlicher Richtung nach Kiefing führt. Von dort wenden wir uns wieder in nördliche Richtung und kommen zunächst nach Neukirchen, überqueren dann die Staatsstraße und wandern weiter nach Salmannskirchen. Wir durchwandern den Ort und stoßen wieder auf eine befestigte Straße. Diese führt uns nun in westlicher Richtung, am Weiler Schollbach vorbei zur Stadtgrenze von Erding. Auf der Taufkirchner Straße und rechts weiter auf der Dorfner Straße gehen wir zum S-Bahnhof zurück.

Rückfahrt: S 6 ab Erding (Altenerding)
Sehenswert: Wallfahrtskirche Hl. Blut in Erding (s. S. 188), Pfarrkirche Mariä Verkündigung in Altenerding (s. S. 186).

Erdinger Altstadtspaziergang

Wanderbahnhof: Erding   Markierung: blaues Quadrat
Anfahrt: S 6 (Erding)   2,5 km, Spaziergang

Sehr schöne Wanderung durch die geschichtlich sehr interessante Altstadt von Erding.

Vom Bahnhof gehen wir in westlicher Richtung durch die Geheimrat-Irl-Straße und geradeaus über den Rudolfsteg zum Grünen Markt. Wenig später überqueren wir die Haager Straße, biegen dann rechts in den Kreuzweg ein, überqueren die Münchner Straße und setzen die Wanderung über den Herzoggraben entlang des Fehlbachs fort. Am Ende dieses Weges erreichen wir das Nordende der Langen Zeile und biegen hier rechts ein nach Süden. Am Landratsamt vorbei gehen wir weiter zum Stadtturm mit der dahinterliegenden Pfarrkirche St. Johann. Zur Linken haben wir nun den Schrannenplatz mit der Heiliggeistkirche an der Nordflanke und dem »Schönen Turm« im Osten. In östlicher Richtung führt auch unser weiterer Weg; vor der Semptbrücke biegen wir nach rechts ein in den Mühlgraben, erreichen den Grünen Markt und gehen nun über den Rudolfsteg und die Geheimrat-Irl-Straße zum S-Bahnhof zurück.

Rückfahrt: S 6 ab Erding
Sehenswert: Pfarrkirche St. Johannes in Erding: Geräumige, dreischiffige Backsteinhallenkirche. Altarraum aus dem Ende des 14., Langhaus aus der Mitte des 15. Jahrhunderts. Nebenstehender Glockenturm vom Ende des 14. Jahrhunderts. Zur Ausstattung gehören wertvolle Holzfiguren der beiden Johannes' (Ende 15. Jahrhundert) und einige wenige, spätgotische Holzbildwerke auf den (neuen) Seitenaltären und das Triumphbogenkruzifix von Hans Leinberger (um 1525).
Spitalkirche zum Hl. Geist in Erding: Bau aus der Mitte des 15. Jahrhunderts, 1688 barock verändert, am Tonnengewölbe gute Stuckdekoration mit Engelsfiguren. Altar in Weiß und

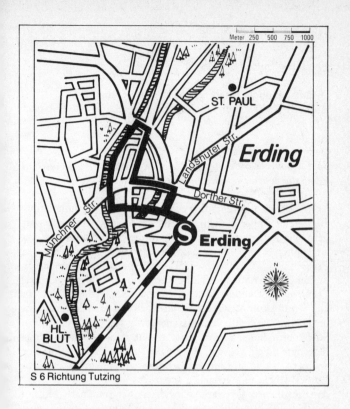

S 6 Richtung Tutzing

Gold von 1793, Malereien an der Emporenbrüstung von Johann
Nikolaus Miller (1766). An der Südwand spätgotische Figuren.
»Schöner Turm« in Erding: Das letzte erhaltene von vier Toren,
auch »Oster- oder Landshuter Tor« genannt. Reich mit Blenden
verzierter Backsteinbau mit stattlicher Haubenkuppel, 1660–64
errichtet als Teil der Stadtbefestigung aus dem 15. Jahrhundert,
die im 30jährigen Krieg schwer beschädigt und danach erneuert
wurde.

Pretzen – Indorf – Graß

Wanderbahnhof: Altenerding   Markierung:
Anfahrt: S 6 (Richtung Erding)   waagerechter grüner Balken
12 km, Tour

Sehr schöne Wanderung durch meist schattenlose Landschaft, keine nennenswerten Steigungen.

Vom S-Bahnhof Altenerding gehen wir durch die Bahnhofstraße zur Altenerdinger Pfarrkirche. Auf der Landgerichtstraße wandern wir nun nach Süden, bis wir die Sempt erreichen und am Fluß entlang durch das Freizeit- und Sportgelände bis Pretzen den Weg fortsetzen. Wir halten uns weiter südlich auf der Singldinger Straße nach Niederwörth. Hier biegen wir nach Osten auf eine verkehrsarme Teerstraße ein, an deren Ende wir ein Wegstück am Waldrand zurücklegen und dann die Staatsstraße Erding–Hohenlinden erreichen. Wir folgen ihr ein kurzes Stück nach links, biegen dann erneut nach Osten auf einen befestigten Feldweg ein, der uns nach Graß führt. Von dort wandern wir in nördlicher Richtung weiter, vorbei an einem Lohwäldchen, und erreichen Indorf.
Am nördlichen Ortsrand schwenken wir nun nach links in westliche Richtung in freies Feld. Beim Indorfer Graben gehen wir in Nordwestrichtung zum Ortsrand von Altenerding zurück. Ein kurzes Stück legen wir nun auf der Hohenlindener Straße zurück, bis wir nach links in die Ardeostraße einbiegen und auf der Route des Hinwegs den S-Bahnhof erreichen.

Rückfahrt: S 6 ab Altenerding
Sehenswert: Pfarrkirche Mariä Verkündigung in Altenerding (s. S. 186/87).

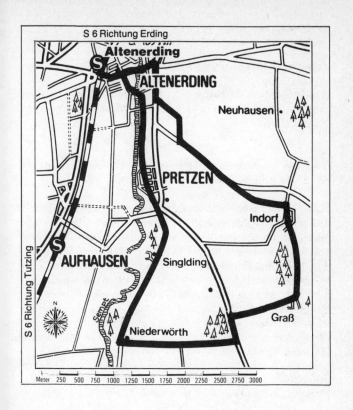

Rundweg: Dürnberg und Sonnendorf

Wanderbahnhof: Ottenhofen   Markierung: grünes Quadrat
Anfahrt: S 6   9 km, Wanderung
(Richtung Erding)

Hügeliges Gelände mit einigen schönen Aussichtspunkten, gut begehbare Feldwege, zum Teil Teerstraßerl.

Vom Bahnhof gehen wir über die Erdinger Straße in südlicher Richtung, biegen dann links in die Schwillacher Straße ein und folgen ihr, überqueren die Sempt und kommen dann in weitem nordöstlichen Bogen an die Bahnlinie Mühldorf. Wir gehen durch die Unterführung und sind nun in Unterschwillach. Hier halten wir uns links, überqueren die Schwillach und wenden uns dann bergauf nach rechts zum Weiler Dürnberg. Beim letzten Gehöft im Ort wenden wir uns nach links und nehmen nun den schnurgeraden befestigten Feldweg nach Sonnendorf.
Dort halten wir uns links und wandern den Weg bergab nach Maiszagl. Von hier folgen wir dem Lauf der Schwillach flußaufwärts durch schöne Busch- und Alleebaum-Partien. Kurz vor der Bahnlinie nach Mühldorf stoßen wir wieder auf die Route des Herwegs, der wir nun zum S-Bahnhof folgen.

Rückfahrt: S 6 ab Ottenhofen
Sehenswert: Kirche St. Katharina in Ottenhofen: In der heutigen Form wesentlich um 1700 unter Beibehaltung romanischer Mauerteile entstanden. Zur Ausstattung gehören drei bemerkenswerte Altäre aus der Mitte des 17. Jahrhunderts. Außen Rotmarmorepitaph mit reich verziertem Wappen (Friedrich Esswurmb, gestorben 1556).

Siggenhofen und Taing

Wanderbahnhof: Ottenhofen   Markierung: grünes Dreieck
Anfahrt: S 6   9 km, Wanderung
(Richtung Erding)

Wanderung in sehr schöner Hügellandschaft mit idyllischen
Flecken am Wasser und zahlreichen lohnenden Aussichts-
punkten.

Vom Bahnhof gehen wir über die Erdinger Straße, biegen dann
links in die Schwillacher Straße ein und wenig später rechts in den
Herdweg. Über die Sempt und dann unter der Bahnlinie nach
Mühldorf hindurch wandern wir nun in südlicher Richtung zum
Ort Herdweg. Am Kirchweg links einbiegend kommen wir nach
Siggenhofen und von dort über Lohstraße und Wimpasinger
Weg wieder über freies Feld nach Wimpasing. Hier wenden wir
uns ostwärts und nehmen das zunächst schnurgerade, später
vielfach gewundene Straßerl nach Taing.
Dort gehen wir nach der Kirche scharf links abbiegend weiter in
nördlicher Richtung nach Unterschwillach und wandern dann
unter der Bahnlinie nach Mühldorf hindurch und in einem
weiten westlichen Bogen nach Ottenhofen. Am Wegkreuz halten wir uns rechts, überqueren bald die Sempt und wandern auf
der Schwillacher Straße in den Ort. Auf der Erdinger Straße
erreichen wir wieder den Wanderbahnhof.

Rückfahrt: S 6 ab Ottenhofen
Sehenswert: Kirche St. Johannes und Paulus in Siggenhofen:
Ursprüngl. gotisch, barock verändert, spätgotische Empore aus
Holz, einige bemerkenswerte Holzfiguren aus der Zeit um 1520.

Forstinning und Ebersberg

Wanderbahnhof: Markierung: grünes Quadrat
Markt Schwaben   (nicht im Forst)
Anfahrt: S 6   20 km, Tour
(Richtung Erding)

Bis zum Forst südlich Forstinnings offenes, fast ebenes Gelände,
dann auf Forstwegen mit nur wenigen Lichtungen.

Vom Bahnhof gehen wir nach links die Bahnhofstraße entlang
bis zur Herzog-Ludwig-Straße, auf der wir nach links weitergehen. Wir überqueren den Marktplatz und biegen rechts in die
Ebersberger Straße ein. An der Graf-von-Sempt-Straße schwenken wir nach links und wandern durch die Felder des Schwabener Mooses, dann durch einen kleinen Waldabschnitt zur Kressiermühle. Dort wenden wir uns halblinks und gelangen auf
einem befestigten Weg in südöstlicher Richtung nach Forstinning. Im Ort gehen wir auf dem Kirchweg geradeaus und weiter
durch die Graf-von-Sempt-Straße bis zur Münchner Straße, der
wir ein Stück folgen und nach etwa 300 Meter in die Parkstraße
einbiegen, auf der wir den Forst erreichen. Im Forst folgen wir
zunächst dem Viereichenweg und halten uns dann immer in
südöstlicher Richtung in der Nähe der Fahrstraße auf Geräumtwegen. Wir verlassen den Forst eine kurze Strecke westlich vom
Aussichtsturm auf der Ludwigshöhe, behalten südöstliche Richtung bei bis zum ersten Bauerngehöft. Dort wenden wir uns nach
links und gehen dann gleich rechts in die Heldenallee, die uns
hinunter zum Klostersee führt. Wir folgen ein kurzes Stück der
befahrenen Eberhardstraße, biegen dann nach links ab und
kommen über Richardisweg, Semptstraße und Sieghartstraße
zum Marienplatz mit dem mächtigen Rathaus. Von dort nehmen
wir die Bahnhofstraße, passieren St. Sebastian und erreichen den
S-Bahnhof.

Rückfahrt: S 4 ab Ebersberg

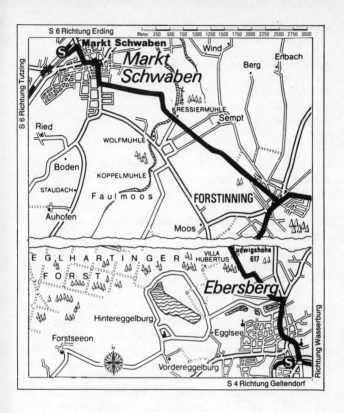

Sehenswert: Schloß, Pfarrkirche St. Margaretha und Mariahilf-kapelle in Markt Schwaben (s. S. 208/09).

Anzinger Rundweg

Wanderbahnhof: Markierung: grünes Dreieck
Markt Schwaben   13 km, Tour
Anfahrt: S 6 (Richtung Erding)

Der Weg führt meist auf festen Feldwegen mit wenig Schatten durch Bauernland. Die hügelige Landschaft bietet vielfach schöne Fernsicht.

Über Bahnhofsallee und Bahnhofstraße kommen wir zur Herzog-Ludwig-Straße, der wir zum Marktplatz folgen. Dort gehen wir rechts in südlicher Richtung die Ebersberger Straße hinunter, biegen dann rechts in die Anzinger Straße ein, die wir jedoch bald verlassen, um weiter halbrechts in südwestlicher Richtung einem Feldweg zum Gut Lindach zu folgen. Dort halten wir uns weiter südlich und kommen auf Feldwegen nach Anzing. Auf der Erdinger Straße erreichen wir den Ort, passieren das Rathaus und St. Maria, folgen ein Stück der Hoegerstraße und biegen dann links in die Hirnerstraße ein, auf der wir, die Mühldorfer Landstraße kreuzend, durch freie Felder nach Oberasbach kommen. Dort wenden wir uns in nordöstlicher Richtung und wandern weiter nach Unterasbach. Diese Richtung behalten wir nun auf Feldwegen bei, kreuzen die Fahrstraße Markt Schwaben–Forstinning und gelangen zur Kressiermühle. Über Graf-von-Sempt-Straße, Ebersberger Straße, Markt, Herzog-Ludwig-Straße und Bahnhofstraße kommen wir zurück zum S-Bahnhof.

Rückfahrt: S 6 ab Markt Schwaben
Sehenswert: Pfarr- und Wallfahrtskirche St. Maria in Anzing: Schöne frühbarocke Landkirche, 1677–81 von Georg Zwerger erbaut. Ausstattung dehr gut erhalten. Bemerkenswert: Sieben schwarz-gold gehaltene Altäre (Einfluß der Münchner Theatinerkirche), schönes Portal an der Westseite sowie Wappengrabstein Hans Sunderndorffer von 1472 außen an der Südseite.

Hoegerkapelle in Anzing: Ehemalige Schloßkapelle, 1669 erbaut, kleiner reizvoller Bau, jüngst restauriert. Unter der Kapelle die Gruft der Hoeger.

Ottersberg–Unterspann–Gigging

Wanderbahnhof: Poing   Markierung: grüner Ring
Anfahrt: S 6 (Richtung Erding)   11 km, Wanderung

Eine schöne Wanderung durch offene Flur mit schönen Ausblikken. Der Weg bietet jedoch nur wenig Schatten.

Vom Bahnhof gehen wir über die Bahnhofstraße und weiter geradeaus durch die Hauptstraße, dann links durch die Schwabener Straße und durch die Bahnunterführung. Jetzt haben wir freies Feld vor uns. Auf Feldwegen in nördlicher Richtung erreichen wir Ottersberg. Im Ort wenden wir uns nach rechts »An der Leiten«, bis zum Wegmarterl. Hier biegen wir nach rechts ein und wandern wieder durch die Felder in östlicher Richtung. Später zweigt der Weg links nach Norden ab zum Weiler Unterspann. Von hier gehen wir wieder in östlicher Richtung nach Gigging.
In weitem Bogen, immer in einiger Entfernung von kleinen Waldstücken, wenden wir uns nun nach Süden, dann schließlich zurück nach Westen. Wir erreichen die S-Bahn-Gleise und wandern auf dem parallel zu ihnen führenden, festen Schotterweg zurück nach Poing. Der Weg mündet kurz vor der Gleisunterführung wieder in der Schwabener Straße, von der aus wir über die Hauptstraße zum Wanderbahnhof zurückkehren.

Rückfahrt: S 6 ab Poing
Sehenswert: Wildpark Poing, Kirche St. Michael in Poing: Der Tuffquaderbau geht zurück auf die Jahre 1170–1250. Der Altarraum wurde durch einen Rundbogen abgetrennt und tonnengewölbt, das östliche Spitzbogenfenster stammt vom Ende des 19. Jahrhunderts. Die Kirche hat einen kräftigen Turm, der schon in gotischer Zeit ein mit Spitzbogenblenden verziertes Obergeschoß aus Backstein erhielt. Auffallend auch das Satteldach der Kirche.

Rundweg: Sauschütt - Ebersberger Forst

Wanderbahnhof: Poing
Anfahrt: S 6 (Richtung Erding)

Markierung: grünes Quadrat
(nicht im Forst)
19 km, Tour

Schöne abwechslungsreiche Wanderung durch die sanft gewellte Landschaft mit weiten Feldern, Wiesen und Waldpartien. Besonders schöner Teilabschnitt im Forst.

Vom Bahnhof wandern wir über die Bahnhofstraße, durch die Hauptstraße, biegen rechts in die Kampenwandstraße ein, dann wieder links in die Lindacher Straße, die uns aus dem Ort hinausführt. Zunächst geht es weiter durch ein kleines Waldstück, dann über freie Felder zum Weiler Lindach. Dort wenden wir uns nach rechts in südlicher Richtung und erreichen bald die von Markt Schwaben kommende Fahrstraße, auf der wir in den Ort Anzing hineingehen. Wir behalten südliche Richtung bei auf unserer Wanderung durch den Ort über die Hoegerstraße, vorbei an der Hoegerkapelle, überqueren dann die Bundesstraße München-Mühldorf und biegen wenig später nach links in die Parkstraße ein, auf der wir nach Obelfing weiterwandern. Kurz hinter dem Ort treten wir in den Ebersberger Forst ein. Zur Sauschütt geht es nun auf einem diagonal zu den Geräumtwegen verlaufenden Wanderweg.

Von dort nehmen wir zuerst in nördlicher, später in westlicher Richtung Geräumtwege zum Obelfinger Waldweg zurück. Die Wanderung nach Poing zum Wanderbahnhof führt nun über die Route des Herwegs.

Rückfahrt: S 6 ab Poing
Sehenswert: Wallfahrtskirche St. Maria und Hoegerkapelle in Anzing (s. S. 202/03).

Lindach und Markt Schwaben

Wanderbahnhof: Poing   Markierung: grünes Dreieck
Anfahrt: S 6 (Richtung Erding)   12 km, Wanderung

*Wanderung durch reizvolle Hügellandschaft mit kurzen Wald-
und Waldrandabschnitten.*

Der Weg führt über die Bahnhofstraße, die Hauptstraße und
dann über die Kampenwandstraße und Lindacher Straße. Bald
hinter dem Ortsende passieren wir ein Waldstück und gehen
dann durch offene Flur zum Gut Lindach. Von dort aus geht es
in nordöstlicher Richtung durch hügeliges Ackerland nach
Markt Schwaben. Die Ortsmitte erreichen wir über die Ebersberger Straße, überqueren den Marktplatz und biegen links in die
Herzog-Ludwig-Straße, dann rechts in die Bahnhofstraße ein
(wer mag, kann hier mit der S 6 den Heimweg antreten).
Hier wenden wir uns links, bleiben neben den Gleisen bis zur
Herzog-Ludwig-Straße, die wir überqueren, und nun bergan auf
der Schotterstraße neben den Gleisen (Am Erlberg) gehen.
Dieser Weg führt bis nach Poing hinein, vorbei an den weiten
Weiden der Hirschrudel des Wildparks. Über die Schwabener
Straße und die Hauptstraße gelangen wir zum S-Bahnhof.

Rückfahrt: S 6 ab Poing
Sehenswert: Das Schloß in Markt Schwaben: Es wurde 1283 von
Herzog Ludwig dem Strengen angelegt, später oft zerstört und
wieder aufgebaut. Die heutigen Gebäude auf dem noch von
Gräben einer alten Wasserburg umgebenen Schloßhügel sind
ohne kunstgeschichtliches Interesse.
Pfarrkirche St. Margaretha in Markt Schwaben: Im Jahre 1671
von dem Schlierseer Maurermeister Georg Zwerger als Wandpfeilerkirche erbaut. Die Fenster sind oben und unten halbrund
geschlossen. Gute Stukkaturen aus der Miesbacher Schule.
Bemerkenswert der Hochaltar (um 1680) mit seitlichen Figuren

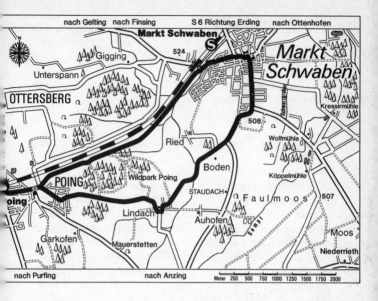

von dem Bildhauer Andreas Köfler und dem Maler Peter Hoelln aus Markt Grafing, die Kanzel stammt aus dem Jahre 1687. Mariahilfkapelle in Markt Schwaben: Eine kleine Anlage mit Grundriß aus vier Halbkreisen und mit Kuppeldach, erbaut um 1721.

Isarauen – Unterföhringer See – Unterföhring

Wanderbahnhof: Ismaning	Markierung: grüner Ring
Anfahrt: S 3 (Ismaning)	8 km, Wanderung

Überwiegend feste, ebene Schotterwege durch die waldigen Isarauen.

Am Bahnhofsplatz gehen wir nach rechts, dann links in die Aschheimer Straße. Wir überqueren die Freisinger Straße und kommen auf der Hauptstraße zur Schloßstraße. Hier biegen wir rechts ein, gehen am Schloß vorbei, überqueren die Münchner Straße, bis wir die Auenstraße erreichen. Auf dieser wandern wir nach links weiter und setzen dann halb rechts auf der Lindenstraße die Wanderung fort. An ihrem Ende zweigen wir rechts in die Eichenstraße ab und erreichen nun den Weg am Rande der Parkanlage. Hier halten wir uns links und kommen nach wenigen Schritten zum Isaruferweg, auf dem wir nun in südlicher Richtung gehen. Kurz vor Unterföhring unterqueren wir die Autobahn-Ostumfahrung und erreichen wenig später das Erholungsgelände am Unterföhringer See. Dort halten wir uns links am Rande des Parks und des Sees, bis wir die stark befahrene Münchner Straße erreichen, wo wir rechts einbiegen. Wir bleiben etwa hundert Meter auf der Fahrstraße, biegen dann rechts ein und kommen über die Treppen zur Isaraustraße hinunter. An deren Ende setzen wir den Weg über die Kanalstraße fort und halten uns links auf der Kirchenwegstraße. Dann überqueren wir die Münchner Straße und wandern auf der Bahnhofstraße in östlicher Richtung zur S-Bahn.

Rückfahrt: S 3 ab Unterföhring
Sehenswert: Kirche St. Valentin in Unterföhring: Gelungene einheitliche Anlage. Gilt als gutes Beispiel einer ländlichen Barockkirche im bayerischen Oberland, 1717–1718 erbaut. Schöne Stuckarbeiten an der Kanzel und an der Logenbrüstung

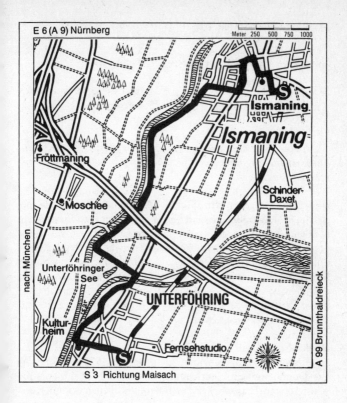

des Altarraumes (wahrscheinlich vom Münchner Meister J. G. Baader). Bemerkenswert die Deckenfresken (um 1720), der Hochaltar (1741) mit sechs Säulen und älteren Figuren sowie die beiden Seitenaltäre vom Ende des 17. Jahrhunderts.

Isarauen – Achering – Freising

Wanderbahnhof: Ismaning   Markierung: grünes Dreieck
Anfahrt: S 3 (Ismaning)   25 km, Tour

Wechselnd freie und waldige Passagen der nördlichen Isarauen, kurz vor Freising über einen Waldpfad, zahlreiche Ausblicke auf die Isarwindungen.

Vom Bahnhof gehen wir durch die Aschheimer Straße, Hauptstraße, Schloßstraße und Garchinger Straße zur Isar. Bis Freising bleiben wir nun an der Isar immer am Ostufer. Kurz vor der Stadt führt der Weg ein Stück von der Isar weg durch den Sport- und Freizeitpark Savoyer Au und mündet in die Ismaninger Straße. Wenig später biegen wir halblinks in die Erdinger Straße ein, überqueren die Isar und wenden uns gleich wieder nach links in die Parkstraße, an deren Ende nur noch ein kurzes Stück auf der stark befahrenen Ottostraße bis zum S-Bahnhof verbleibt.

Rückfahrt: S 1 ab Freising
Sehenswert: Schloß Ismaning: Ursprünglich 1520 vom Freisinger Domkanoniker Haushammer erbaut, 1716–1717 von Bischof Johann Franz Ecker zur fürstbischöflichen Sommerresidenz umgestaltet. 1817 ging es in den Besitz des Herzogs von Leuchtenberg über, ab 1899 im Besitz der Stadt München, seit 1919 Eigentum der Gemeinde Ismaning, heute Sitz der Gemeindeverwaltung. Einige Reste der klassizistischen Ausstattung sind noch erhalten. Im Schloßpark erwähnenswert das Teehaus.

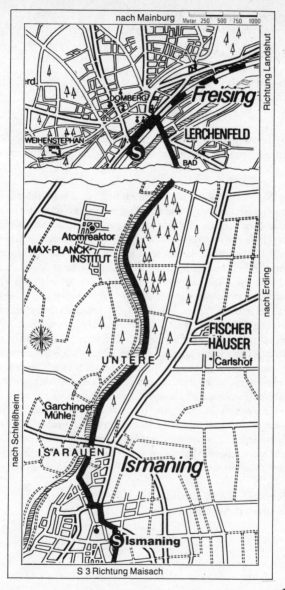

Speichersee und Finsinger Moos

Wanderbahnhof: Ismaninig   Markierung: grünes Quadrat
Anfahrt: S 3 (Ismaning)   22 km, Tour

Eine lange, überwiegend schattenlose Wanderung durch ebene Mooslandschaft mit dem reizvollem Weg am Speicherseeufer.

Am Bahnhof wenden wir uns nach links und wandern auf der Schweigerstraße nach Süden. Weiter geht es über die Seidl-Kreuz-Straße, Mühlenstraße und Krautstraße, auf der wir die Bahngleise überqueren. Der Weg setzt sich entlang den Gleisen fort zur Dorfstraße. Auf dieser wandern wir bis zur Aschheimer Straße. An ihrem Ende überqueren wir die Ismaninger Straße und erreichen dann auf geteerter Straße den Speichersee. Vom Kraftwerk an folgen wir seinem Ufer in östlicher Richtung bis zum Speicherseedamm. (In der Regel sonntags begehbar, bei Sperrung führt der Weg auf der Teerstraße um das BMW-Versuchsgelände). Hier verlassen wir das Seeufer, wenden uns ein Stück nach links entlang des Dorfenbachs, biegen dann rechts auf einen Feldweg nach Norden ein und durchqueren das Vordere Finsinger Moos. Weiter nach Norden stoßen wir zum Hinteren Finsinger Moos vor.
Weiter geht es in südlicher Richtung, bis wir nach Westen einbiegen und auf langen, meist schnurgeraden Feldwegen westlich in Richtung Ismaning wandern. Den Ort erreichen wir über die Mayerbacherstraße; wenig später biegen wir in die Aschheimer Straße ein und kommen zum Wanderbahnhof zurück.

Rückfahrt: S 3 ab Ismaning
Sehenswert: Schloß Ismaning (s. S. 212).

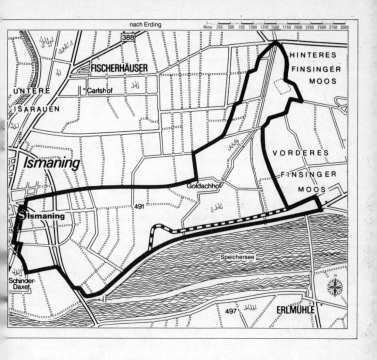

Unterföhringer See und Ismaning

Wanderbahnhof: Unterföhring
Anfahrt: S 3 (Richtung Ismaning)

Markierung: grüner Ring
8 km, Wanderung

Schattiger Weg durch den Auwald entlang des östlichen Isarufers.

Vom S-Bahnhof gehen wir nach links durch die Bahnhofstraße, überqueren die Münchner Straße und wandern weiter auf dem Kirchenweg zum Mittleren Isarkanal hinunter. Von hier geht es rechts weiter auf der Kanalstraße, dann auf der Isaraustraße durch Einzelhaussiedlung. Am Ende der Isaraustraße nehmen wir die Treppen hinauf zur Münchner Straße. Nun wandern wir ein Stück nach links entlang dieser stark befahrenen Straße, bis wir die Brücke über den Mittleren Isarkanal überquert haben, der nach rechts in östliche Richtung abzweigt. Hier biegen wir links ein und gehen am Rande des Freizeit- und Erholungsgeländes Unterföhringer Sees entlang zur Isar. Dort folgen wir dem Isarufer nach rechts, bis am Ortsrand von Ismaning unser Weg halbrechts in den Park am Rande der Siedlung hinaufführt. Wir betreten die Siedlung über den Eichenweg. Dann gehen wir auf der Lindenstraße und der Auenstraße weiter nach Norden bis zur Schloßstraße, in die wir rechts einbiegen. Weiter geht es links auf der Hauptstraße und auf der Aschheimer Straße zum S-Bahnhof Ismaning.

Rückfahrt: S 3 ab Ismaning
Sehenswert: Schloß Ismaning (s. S. 212).

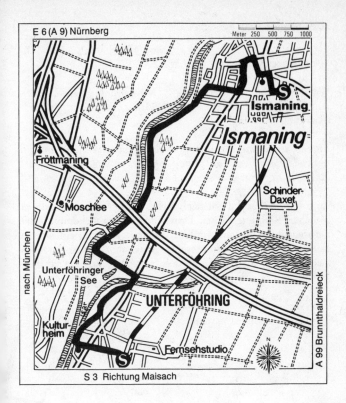

Speichersee-Rundweg

Wanderbahnhof: Unterföhring
Anfahrt: S 3
(Richtung Ismaning)

Markierung: grünes Dreieck
23 km, Tour

Eine schattenarme Wanderung durch ebenes Ackerland und am reizvollen Speichersee mit seinen zahlreichen Vogelkolonien entlang (Schutzgebiet).

Vom Bahnhof gehen wir nach rechts auf der Bahnhofstraße in östlicher Richtung. Kurz hinter dem Gebäudekomplex der Fernsehstudios biegen wir links in einen Feldweg ein, der an einer Kläranlage vorbei unter dem Autobahnring Ost hindurch zu den Fischweihern führt, die dem Speichersee vorgelagert sind.

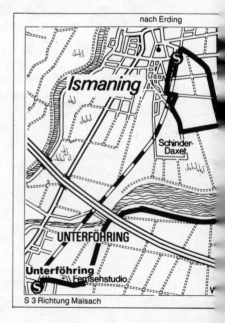

Hier wandern wir in östlicher Richtung am äußeren Kanal vor den Fischweihern entlang zum Teichgut Birkenhof. Dort überqueren wir die Ismaninger Straße. Nun führt der Weg wieder näher an den Kanal heran und folgt ihm bis Erlmühle. Dann schwenken wir nach links in nördliche Richtung und überqueren den Speichersee auf dem aufgeschütteten Damm. An dessen Ende wenden wir uns wieder nach links und gehen jetzt am Nordufer des Speichersees weiter. (Dammweg, in der Regel sonntags begehbar. Bei Sperrung Route auf Teerstraße nördlich des BMW-Versuchsgeländes). Kurz vor dem östlichen, spitz zulaufenden Ende des Speichersees beim Kraftwerk gehen wir zur Straße hinunter, die wenig später nach rechts abzweigt. Dann überqueren wir die Ismaninger Straße und kommen auf der Aschheimer Straße, dann über die Dorfstraße, Mühlenstraße, Seidl-Kreuz-Straße und Schweigerstraße zum S-Bahnhof.

Rückfahrt: S 3 ab Ismaning
Sehenswert: Vogelparadies Speichersee.

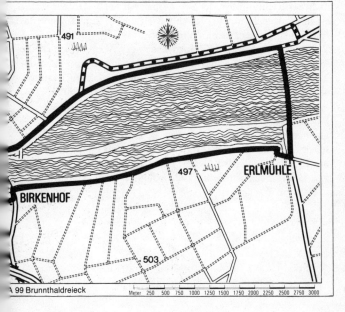

Aumeister und Studentenstadt

Wanderbahnhof: Kieferngarten   Markierung: grünes Dreieck
Anfahrt: U 6 (Kieferngarten)   4 km, Spaziergang

Zunächst auf geteerten Wegen und Straßen, dann durch den nördlichen Englischen Garten.

Am U-Bahnhof nehmen wir den Ostausgang zur Hochhaussiedlung hin, biegen rechts in die Bauernfeindstraße ein und gehen dann über die Burmesterstraße rechts weiter. Wenig später gehen wir links in die Heidemannstraße, dann unter der Autobahn hindurch und links in die Mattighoferstraße, auf der wir zur Freisinger Landstraße kommen. Wir überqueren diese verkehrsreiche Straße und gehen durch den Emmerigweg weiter in östlicher Richtung. An der Sondermeierstraße biegen wir rechts ein und folgen ihr nun in südlicher Richtung bis zum Eingang des Englischen Gartens beim Aumeister.
Von hier können wir frei einen beliebigen Weg wählen (keine Markierung). Am besten halten wir uns immer rechts in der Nähe des Eisbachs bis zum Steg in Höhe der Grasmeierstraße, die nach Westen zum U-Bahnhof Studentenstadt führt.

Rückfahrt: U 6 ab Studentenstadt
Sehenswert: Kirche St. Nikolaus in Freimann: Aus frühgotischer Zeit erhaltener Bau mit Satteldachturm über Altarraum; um 1524 Umbau, seit Erneuerung im Jahre 1880 flachgedeckter Saal. Die Kirche wurde kürzlich völlig renoviert.

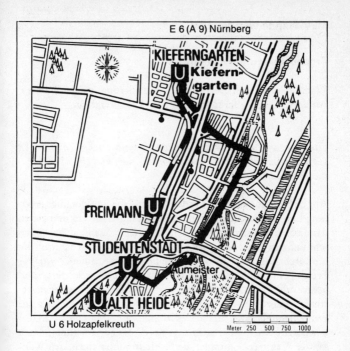

Fröttmaning und Ismaning

Wanderbahnhof: Kieferngarten   Markierung: grünes Quadrat
Anfahrt: U 6 (Kieferngarten)   10 km, Wanderung

Überwiegend durch Parkanlagen des nördlichen Englischen Gartens, später durch die waldigen Isarauen und ein Stück durch die Ortschaft.

Am U-Bahnhof nehmen wir den Ostausgang zur Hochhaussiedlung hin, biegen rechts in die Bauernfeindstraße ein und gehen dann über die Burmesterstraße rechts weiter. Wenig später gehen wir links in die Heidemannstraße, dann unter der Autobahn hindurch und links in die Mattighoferstraße, auf der wir zur Freisinger Landstraße kommen. Wir überqueren diese und gehen durch den Emmerigweg weiter östlich zur Sondermeierstraße. Hier gehen wir noch ein Stück nach rechts bis zur Floriansmühlstraße, an der wir links einbiegen und an den Fernsehstudios vorbei immer in nordöstlicher Richtung. Nach kurzer Wegstrecke mündet die Floriansmühlstraße in den Wanderweg durch die Isarauen ein, auf dem wir nun immer in der Nähe des Schwabinger Baches nach Norden weiterwandern.
Beim zweiten Kanal, der unseren Wanderweg kreuzt, wechseln wir kurz vor dem Autobahnring Ost auf das andere Isarufer und wandern nun immer nach Norden durch die Isarauen. An der Auenstraße in Ismaning schwenken wir nach rechts vom Isarufer fort und gehen nun über die Schloßstraße, die Hauptstraße und die Aschheimerstraße zum S-Bahnhof Ismaning.

Rückfahrt: S 3 ab Ismaning
Sehenswert: Schloß Ismaning (s. S. 212).

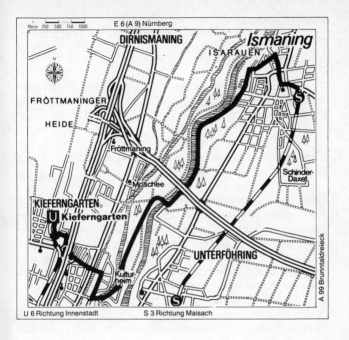

Stumpfenbach und Erlau

Wanderbahnhof: Altomünster
Anfahrt: S 2 (Dachau),
DB 21 (Altomünster)

Markierung: roter Punkt
5 km, leichte Wanderung

Überwiegend offene Felder, zahlreiche leichte Steigungen und Gefälleabschnitte, oft schöne Ausblicke.

Vom Bahnhof gehen wir bis zur Bahnhofstraße vor, biegen nach rechts ein und kommen ein wenig später zum sehenswerten Marktplatz, den wir in südlicher Richtung überqueren. Über den Jörgerring und die Friedenstraße verlassen wir, am Friedhof vorbei, den Ort. Leicht bergauf führt der von alten Bäumen gesäumte Weg nun bis zur Höhe und, dann schmaler werdend, südlich hinunter in den Ortsteil Stumpfenbach. Wir durchwandern die Siedlung auf dem Kapellenweg, biegen nach links in die St.-Ulrich-Straße ein und gehen dann durch freies Feld in östlicher Richtung nahe dem Waldstreifen im Süden zum Gut Erlau. Von dort nehmen wir die gleiche Route zum Wanderbahnhof zurück.

Rückfahrt: DB 21 ab Altomünster, S 2 ab Dachau
Sehenswert: Klosterkirche St. Alto in Altomünster: Das Münster ist eine der bedeutendsten Rokokokirchen Bayerns und zählt zu den eigenartigsten und fesselndsten Raumschöpfungen unter den prächtigen Großkirchen des altbayerischen Klostergebietes. Es ist das letzte Werk Johann Michael Fischers (begonnen 1763), der 1766 starb. Balthasar Trischberger führte den Bau nach dem Tod des Meisters zu Ende. Die Bildhauerarbeiten stammen überwiegend von Johann Baptist Straub (die beiden Chorhauptaltäre, die Altäre der Heiligen Alto und Augustin, ebenso die Altäre des hl. Wendelin und der hl. Sippe im Zwischenchor sowie die Apostelfiguren). Die wenigen graziösen Stuckarbeiten schuf der Augsburger Jakob Rauch (1773), die wichtigsten Deckenfresken sind Werke von Josef Mages (1768),

ebenso auch die Bilder der Seitenaltäre im Herren- und Brüder-
chor. Das Bild des Hauptaltars schuf der augsburgische Hofmaler Ignaz Baldauff. Das Frauenkloster Altomünster ist das
einzige des Birgittenordens in Deutschland.

Kalvarienberg und Hohenried

Wanderbahnhof: Altomünster
Anfahrt: S 2 (Dachau),
DB 21 (Altomünster)

Markierung: grüner Punkt
5 km, ausgedehnter
Spaziergang

Route durch offene Flur mit Feldern und Wiesen, leicht hügelig.

Vom Bahnhof gehen wir bis zur Bahnhofstraße vor, biegen nach rechts ein und kommen wenig später zum Marktplatz, den wir überqueren. Dann steigen wir die Stufen neben der Sparkasse hinauf zum Altohof und gehen die Sandizeller Gasse geradeaus weiter. Nach etwa 50 Metern zweigt der Weg nach links ab in den St.-Birgitten-Hof; wir gehen am ehemaligen Mönchskloster des Birgittenordens vorbei. Weiter geht es durch die Leopold-Schwaiger-Straße, die wenig später auf die Kellerbergstraße stößt; wir überqueren sie und wandern auf der Kalvarienberg-straße aus dem Ort hinaus. Vor uns liegt in freiem Feld die baumbestandene Anhöhe des Kalvarienberges. Auf dem Weg zur Kapelle kommen wir an den Kreuzwegstationen vorbei. Den Hügel hinab geht es auf dem gleichen Weg. Dann biegen wir aber nach rechts auf einen Feldweg ein, auf dem wir leicht bergauf nach Hohenried kommen. Von hier bietet sich ein schöner Blick auf Altomünster und die umliegende Landschaft. Für den Rück-weg nehmen wir die gleiche Route.

Rückfahrt: DB 21 ab Altomünster, S 2 ab Dachau
Sehenswert: Klosterkirche St. Alto in Altomünster (s. S. 224).

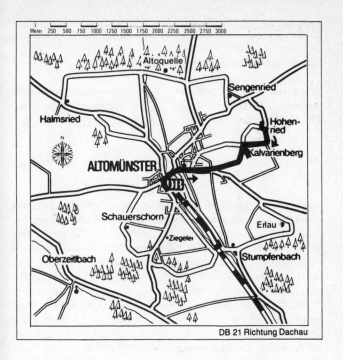

Meter 250 500 750 1000 1250 1500 1750 2000 2250 2500 2750 3000

Altoquelle

Sengenried

Halmsried

Hohen-
ried

Kalvarienberg

N

ALTOMÜNSTER

DB

Schauerschorn

Erlau

Ziegelei

Oberzeitlbach

Stumpfenbach

DB 21 Richtung Dachau

Schauerschorn und Stumpfenbach

Wanderbahnhof: Altomünster   Markierung: roter Punkt
Anfahrt: S 2 (Dachau),   7 km, leichte Wanderung
DB 21 (Altomünster)

Freies Gelände mit leichten Steigungen, ein schöner Waldabschnitt, vielfach lohnende Ausblicke

Vom Bahnhof gehen wir bis zur Bahnhofstraße vor, biegen links in die Bahnhofstraße ein und gehen auf ihrer Verlängerung, der Aichacher Straße, aus dem Ort hinaus. Beim TSV-Sportplatz biegen wir links in die kleine Teerstraße ein. Vor uns auf einer Anhöhe liegt nun der Weiler Schauerschorn. Der weitere Weg führt durch den Weiler, an der sehenswerten kleinen Kapelle vorbei und in südlicher Richtung aus dem Ort hinaus bis zum Wald. Wir verlassen die Teerstraße und biegen nach links in einen Feldweg ein, der in den Wald hineinführt. Gleich hinter dem Waldrand wenden wir uns erneut nach links und folgen nun auf etwa zwei Kilometer einem schönen Waldweg, der nahe dem Waldrand in südöstlicher Richtung verläuft. An seinem Ende sehen wir links im Talgrund des Stumpfenbaches den gleichnamigen Ortsteil von Altomünster liegen. Wir erreichen Stumpfenbach in weitem östlichen Bogen auf einem Feldweg durch Wiesen und Weiden, da eine Weide-Einzäunung den direkten Weg versperrt. Wir gehen nun bis zur Teerstraße hinunter, wenden uns nach rechts, überqueren die Bahngleise und biegen gleich dahinter auf einen Pfad nach links ein. Der Pfad führt ein Stück neben den Gleisen her und mündet bei einem Marterl unter zwei mächtigen Bäumen in einen Feldweg ein. Wir folgen dem Feldweg leicht bergauf bis zum vor uns liegenden Markt Altomünster. Über die Friedhofstraße und weiter über den Jörgerring kommen wir zum Marktplatz. Von hier gehen wir über die Bahnhofstraße das kurze Stück zum Wanderbahnhof hinunter.

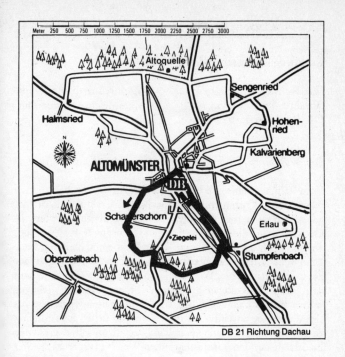

DB 21 Richtung Dachau

Rückfahrt: DB 21 ab Altomünster, S 2 ab Dachau
Sehenswert: Klosterkirche St. Alto in Altomünster (s. S. 224).

Rundweg: Halmsried

Wanderbahnhof: Altomünster   Markierung: blauer Punkt
Anfahrt: S 2 (Dachau),   6 km, leichte Wanderung
DB 21 (Altomünster)

Der Weg führt fast immer durch offene Hügellandschaft.

Vom Bahnhof gehen wir bis zur Bahnhofstraße vor, biegen nach rechts ein und kommen kurz danach zum Marktplatz. Von hier gehen wir weiter in nördlicher Richtung durch die Herzog-Georg-Straße, die bald nach rechts abbiegt. Wir gehen aber weiter geradeaus durch die Dr.-Lang-Straße und an deren Ende beim Maibaum nach rechts in die Halmsrieder Straße, die uns aus dem Ort hinausführt. Vor dem letzten Gehöft wandern wir auf dem nach links abzweigenden, leicht ansteigenden Feldweg weiter auf das kleine Waldstück zu. Dort halten wir uns rechts am Waldrand, durchqueren den Wald und gehen in westlicher Richtung zunächst auf einem Feldweg, dann auf der kleinen Feldstraße auf den vor uns liegenden Weiler Halmsried zu. Wir durchqueren den Ort und nehmen hinter dem letzten Gehöft den Feldweg nach rechts zum Wald. Am Waldrand bietet sich eine sehr schöne Aussicht auf Altomünster. Jetzt wandern wir immer geradeaus nach Osten durch den Forst bis zur „Spinne", einer Kreuzung von Waldwegen. Hier biegen wir rechts ein, verlassen bald darauf den Wald und wandern nun in südlicher Richtung nach Altomünster zurück, bis wir wieder auf die Halmsrieder Straße stoßen. Nun führt der restliche Weg auf der Route des Herwegs zum Wanderbahnhof zurück.

Rückfahrt: DB 21 ab Altomünster, S 2 ab Dachau
Sehenswert: Klosterkirche St. Alto in Altomünster (s. S. 224).

Meter 250 500 750 1000 1250 1500 1750 2000 2250 2500 2750 3000

Altoquelle

Sengenried

Halmsried

Hohen-
ried

Kalvarienberg

ALTOMÜNSTER

DB

Schauerschorn

Erlau

Ziegelei

Oberzeitlbach

Stumpfenbach

DB 21 Richtung Dachau

Altoforst und Altoquelle

Wanderbahnhof: Altomünster
Anfahrt: S 2 (Dachau),
DB 21 (Altomünster)

Markierung: blauer Punkt
6 km, leichte Wanderung

Abwechselnd offene Flur und schöne Waldabschnitte, hügelig, zahlreiche schöne Ausblicke.

Vom Bahnhof gehen wir bis zur Bahnhofstraße vor, biegen nach rechts ein und kommen kurz danach zum Marktplatz. Von hier gehen wir weiter in nördlicher Richtung durch die Herzog-Georg-Straße, die bald nach rechts abbiegt. Wir gehen weiter geradeaus durch die Dr.-Lang-Straße und an deren Ende beim Maibaum nach rechts in die Halmsrieder Straße, die uns aus dem Ort hinausführt. Beim Marterl am Ortsausgang verlassen wir die Halmsrieder Straße und gehen geradeaus auf dem Teerstraßerl durch Wiesen und Äcker auf den Wald zu. Bei der „Spinne", einer Kreuzung von Waldwegen, wenden wir uns nach rechts in östlicher Richtung. Durch romantische Waldabschnitte kommen wir zur Altoquelle mit der lebensgroßen Figur des Heiligen. Von dort geht es rechts an der Quelle vorbei durch Wald leicht bergauf. Fast auf der Höhe öffnet sich der Wald und macht weiten Feldern und Wiesen Platz. Nach kurzer Wanderung hügelaufwärts sehen wir nun den Markt Altomünster vor uns, auf den wir nun – die schöne Aussicht immer vor Augen – bergab zuwandern. Unser Feldweg mündet ein Stück vor dem Ortsrand in eine Teerstraße, die im Ort zur Asbacher Straße wird. An ihrem Ende biegen wir rechts in die Pipinsrieder Straße ein, etwas später links in die Nißlgasse. Auf deren Verlängerung, der Kirchenstraße, kommen wir zum Marktplatz und von dort über die Bahnhofstraße zum Bahnhof zurück.

Rückfahrt: DB 21 ab Altomünster, S 2 ab Dachau
Sehenswert: Klosterkirche St. Alto in Altomünster (s. S. 224).

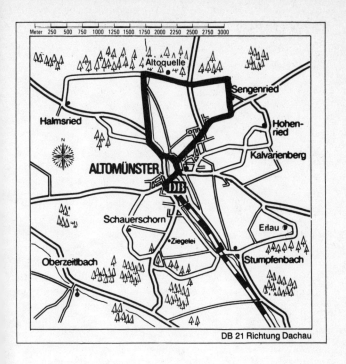

Meter 250 500 750 1000 1250 1500 1750 2000 2250 2500 2750 3000

Altoquelle

Sengenried

Halmsried

Hohen-
ried

N

Kalvarienberg

ALTOMÜNSTER

DB

Schauerschorn

Erlau

Ziegelei

Oberzeitlbach

Stumpfenbach

DB 21 Richtung Dachau

233

Für Ihre Notizen

Für Ihre Notizen

Für Ihre Notizen

Für Ihre Notizen

Für Ihre Notizen

MINI-FÜHRER

Wanderführer gehören in die Jacken- oder Hosentasche – wenn sie hineinpassen. Unsere Mini-Führer passen hinein. Dabei bieten sie alles, was man von einem Wander- bzw. Stadtführer mit Fug erwarten kann: genaue Routenbeschreibungen, Hinweise auf kulturelle Attraktionen und zur Orientierung detaillierte Kartenskizzen.
Jeder Band 128 Seiten mit rund 20 Kartenskizzen.

Bisher liegen vor:

Rolf und Bernd Kittel
Auf stillen Wegen in den Ammergauer Bergen

Bernd Riffler
Wanderungen im oberbayerischen Fünfseenland

Manfred Kittel
Bergwanderungen rund um Oberstdorf

Bernd Riffler
Wanderungen in den Tegernseer und Schlierseer Bergen

Bernd Riffler
Loipen rund um München

Franz Schaub
Spessartwanderungen

Bruno Stieren
Stadtführer München

Bernd Riffler
Radeln im bäuerlichen Hügelland zwischen Fürstenfeldbruck und Moosburg

Fritz Straßner
Neue Wanderungen rund um München

Süddeutscher Verlag

WANDERN UND RADELN

Bernd Riffler
Radtouren
zwischen Isar und dem
Bodensee.

152 Seiten mit 8 farbigen
Abbildungen und 50 Karten.
Ganzfolie

*Abseits der großen Ver-
kehrswege führt
Bernd Riffler
auf stillen, kaum
befahrenen Straßen zu den
schönsten Plätzen des
Voralpengebiets.*

Heinrich Satter
Bergwandern für Senioren

160 Seiten mit
16 Wanderkarten und
24 Farbbildern.
Ganzfolie

*Ein gelungenes Buch für
alle, die meinen, für
Wanderungen im Gebirge
nicht mehr jung genug
zu sein.*

Bernd Riffler
Skiwandern in Oberbayern
40 Touren zwischen
Oberammergau und
Bayrischzell.

159 Seiten mit
14 Farbbildern und
41 Kartenskizzen.
Ganzfolie

*Nach einer detaillierten
Einführung in die Kunst des
Skilanglaufs führt Bernd
Riffler über die vierzig
schönsten Skiwanderwege
Oberbayerns.*

Heinrich Satter
**Familienwandern
in Südtirol**

150 Seiten mit 8 Farbbildern
und 19 Kartenskizzen.
Ganzfolie

*Auf gefahrlosen, aber
um so genußreicheren
Pfaden erschließt
Heinrich Satter auch für
die Familienwanderung,
für weniger Geübte und
Genußwanderer die
Schönheit der
grandiosen
Südtiroler Bergwelt.*

Süddeutscher Verlag